『正教の道』（第１版第１刷）　正誤表

以下の誤記がありましたので謹んでお詫びし訂正いたしま

51 頁　後ろから 5 行目

誤：ハリストスの尊血

正：ハリストスの尊体

92 頁　最後の行

誤：開けてして

正：開けて

以

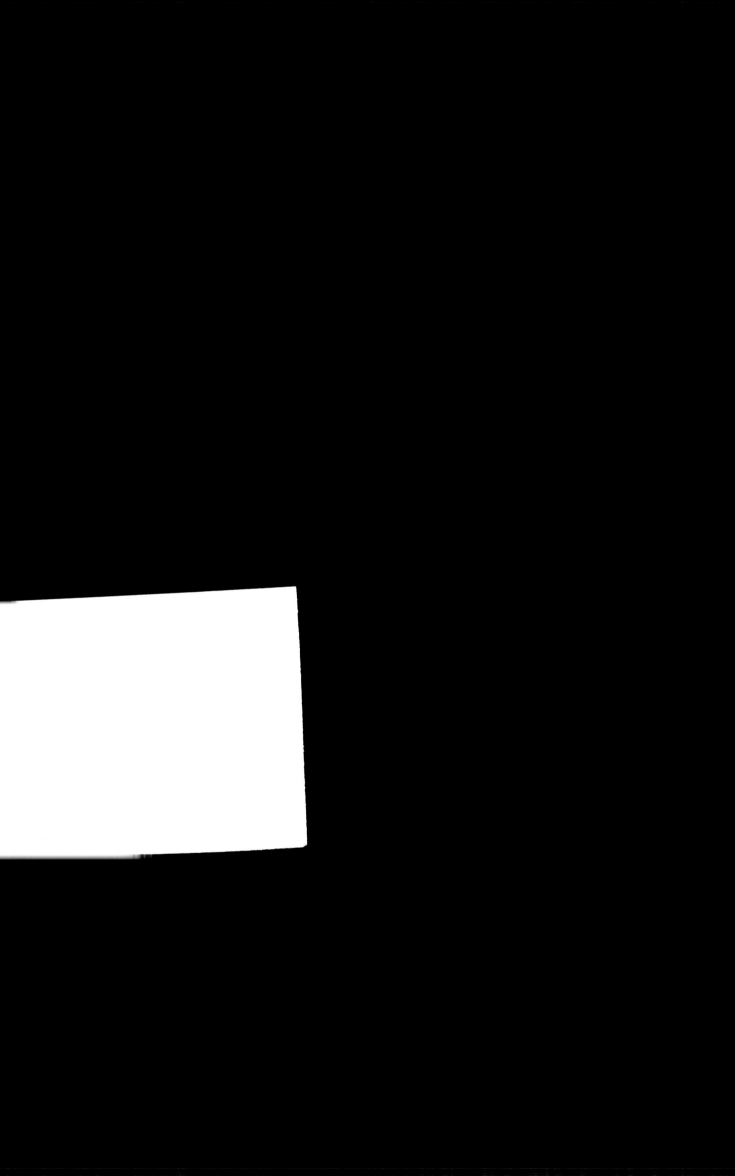

正教の道

キリスト教正統の信仰と生き方

主教カリストス・ウェア［著］
松島雄一［訳］

新教出版社

THE ORTHODOX WAY
by Bishop Kallistos Ware

Japanese translation rights arranged with
Kallistos Ware
through Tuttle-Mori Agency, Tokyo

Translated by Yuichi Matsushima

Published by Shinkyo Shuppansha, Tokyo
2021

訳者まえがき

本書は、正教会の全体像を知る上で今日すでに古典的定番ともなった *The Orthodox Church*（原著は一九六三年、邦訳『正教会入門』新教出版社、二〇一七年）の著者、カリストス・ウェア府主教の代表作の一つである。一九七九年に出版されて以来、正教徒のみならず教派を越えて広く読み継がれ、欧米のキリスト教世界に新鮮な感動と刺激を与え続けてきた。

なおカリストスは著者ティモシー・ウェアの修道誓願（一九六六年）に際しての修道名である。本書は修道誓願後の出版であり、また翻訳の底本が著者の主教叙聖（一九八二年）以後に出た改訂版（一九九五年）なので、原書にしたがい著者名を「主教カリストス・ウェア」とした（巻末の著者紹介を参照）。

本書の目的はプロローグの中で、次のように述べられている。

本書の目的は正教会の基本的な教えを簡潔に説きながら、そのいのちの道・祈りの道としての信仰を明らかにすることである。トルストイは彼の短編小説を「人は何によって生きるのか」と名付けたが、この書も「正教徒は何によって生きるのか」と題されてもよかった。もっと形式的な著述スタイルが好まれた一昔前なら、問いと答えで構成された教理問答の形が採用されたかもしれない。しかし本書は網羅的な説明を意図していない。教会とその会議主義的傾向、聖人の交わり、機密、奉神礼（礼拝儀式）の意味などにはほとんど触れていない。それらについては、別にもう一冊書くことになろう。また時に他のキリスト教派に言及することがあっても、系統的な比較は何もしない。正教会がローマ・カトリックやプロテスタントと何が一致し何が一致しないかを指摘することより、私が一人の正教徒として生きる、その信仰を確信を持って述べるのが関心事である。

実は本書 *The Orthodox Way* の邦題についてずいぶん迷った。「正教の道」が自然な訳であろうが、それでは「正教会」という、これまで日本ではほとんど知られてこなかった「特殊な」キリスト教教派の、「独特な」教えを紹介する好事家向けの書と捉えられてしまうことを危惧したのである。たしかに正教は、西欧中世キリスト教と宗教改革を土台とした今日一般の「キリスト教」に馴染んだ者には、かなり「独特」であろう。しかし正教は、東西教会が一致していた初代教会から古代教会へと深められていった福音理解を忠実に保持しており、まさに正統的な信仰と生き方、すなわち「道」を伝えている。それなら「正統キリスト教の道」とでも訳すべきか、とも思ったが、それで、はたして一般のクリスチャンは手に取ってくれるだろうか。正教の信者でさえ書店の書棚を一瞥するだけで、通り過ぎてしまうかも知れない。

確かに「独特」なのだ。しかしその「独特」にこそ「正統キリスト教」が貫かれているのである。西方キリスト教という「特殊」がいつしか「普遍」となってしまったが故に。

著者のカリストス府主教はオックスフォードで長年正教会研究に携わってきた碩学である。十七歳の夏、たまたまロンドンのロシア正教会の聖堂に足を踏み入れて以来、正教に魅せられ、多くの友人たちから、さらに何と正教の人々からも「早まるな」と制止されたにもかかわらず、聖公会から正教に転じた人物である。彼は自分の「正教会への旅」を語る中でこう言っている。

> 正教を学べば学ぶほど、私はより明確に悟ってゆきました。これは私が自分の心の最深部でいつも信じていたことだ、しかし「正教」としてこれを直接に聞くまでは決して充分に言い表せなかったと。私は正教を古代の、今まで見知らなかった、異郷的《エキゾティック》なキリスト教として知ったのではありません。私にとって正教は「キリスト教そのもの」にほかなりませんでした。
>
> （"The Inner Kingdom", Strange Yet Familiar: My Journey to the Orthodox Church 所載）

彼の信仰の中で、西方の「特殊」に覆われて眠っていた「普遍」が、正教に触れてよみがえったのだ。西方への深い教養と洞察にすぐれた著者がついにたどりついた真の「普遍」の側から、自らの「特殊」を「普遍」と疑わない西方の人々へ、かつて東西教会がそこに一致していた「正統」を「確信を持って」語るのが、本書である。

やはり、Orthodox は「正教の」と訳されなければならない。

あとは Way である。これを「生き方」と訳すこともできるだろう。プロローグで著者は聖使徒行実（9・23、24・22）を引いて「キリスト教の最も古い名は道」であると言い、随所で「道を行く」というフレーズで、「生き方」としての福音を強調している。

いったん神について何かを言明しても、その言明は超えられてゆかなければならない。述べられた言明は虚偽ではない。しかし虚偽ではないが、その言明も他のいかなる言葉も神の超越性を十全に表現し得ない。

（プロローグ）

私たちは、神を認識の対象として向こう側において、「神を理論や抽象的な原理として」（第二章「神秘としての神」）探求することを断念して、すなわち「心を変え」「知性を変え」（「プロローグ」）て神に向かう「道」を歩み出さなければならない。これが正教の「生き方」である。

よし、決まった！　やっぱり「正教の道」だ。副題を「キリスト教正統の信仰と生き方」としよう。

最後に、翻訳に際して用いた用語について触れておく。固有名詞はハリストス（キリスト）、イイスス（イエス）以外は日本聖書協会の「口語訳」に従った。その他、日本正教会訳ではプネウマ（spirit）は神《しん》、プシケー（soul）は霊《たましい》であるが、それぞれ霊《れい》と魂《たましい》と一般的な訳をあてた。人名は聖書の人物は口語訳に準拠、その他は「現地語読み」とした。したがって同じ名が、たとえばヨハネ、イオアンネス（ギリシャ）、イオアン（ロシア）と訳し分けられている。

本書では教父、現代の著作家、また正教の祈祷文などが、ふんだんに引用されている。特に正教会の奉神礼（礼拝儀式）で用いられている祈祷文は、正教の神学的洞察の宝庫である。訳者は基本的に、日本正教会によって明治期に飜訳されたものを引用した。その際は「聖神」（聖霊）などの日本正教会独特の訳語はそのまま用い、一般用語を括弧書きで示した。

なお末筆となったが、本書の下訳作成に際し協力いただいたマトローナ宮路寿子姉へ心よりの感謝を申し上げる。

松島雄一

目次

装丁　熊谷博人

正教の道

キリスト教正統の信仰と生き方

プロローグ　道しるべ

わたしは道であり、真理であり、生命である。

ヨハネ14・6

教会は「仕組み」ではなく「鍵」を、神の国の「見取り図」ではなくそこに入る「手段」を与えてくれる。見取り図を持たなければ、たぶん道に迷うだろう。しかしそこで見るものすべて、何の手引きもなしに直接《じか》に見るすべてが、見る者にとって「現実」となろう。一方、見取り図だけで学んだ者は、その現実の外にとどめられ何も見つけられないだろう。(1)

ゲオルギイ・フロロフスキー神父「教会の公同性」

四世紀のエジプトで最もよく知られた「砂漠の師父」たちの一人、「亜麻布を着る《シンドニート》」聖セラピオンがある時、ローマへ巡礼した際、全く外出せずに小さな部屋に一人こもり続けている名高い女隠遁者のことを聞いた。一方偉大な放浪者であったセラピオンは、この女の自分とは正反対の生き方をいぶかり、彼女を訪ねて問うた。「なぜあなたはここに座り続けているんですか」。女は答えた。「座っているのではありません。旅をしているのです」。

座っているのではなく、旅をしている。……クリスチャンは誰でもこの言葉を自分に当てはめてよいだろう。クリスチャンであるとは、旅人であることだ。ギリシャ教父たちはこう言う。「私たちはシナイの荒野を行くイスラエル人たちのようだ。邸宅ではなく天幕に住み、霊的にはいつも移動している。心の内的な空間をゆく旅の途上にある。その旅は時計の刻む『時』にも、カレンダーが教える日付にも区切られない。時から出て永遠に入ってゆく旅だから」。

キリスト教の最も古い呼び名の一つは、たんに「道」である。聖使徒行実はこう伝える。「その頃、この道について容易ならぬ騒動が起こった」（使徒9・23）。カエサリアのローマ総督フェリクスは「この道のことを相当わきまえていた」（使徒24・22）。この呼び名はキリスト教徒の信仰の実践的な性格をよく表している。キリスト教は宇宙についての理論以上のもの、紙に記された教え以上のものである。人がそれに従って歩む道筋、最も深く豊かな意味での「いのちの道」である。

キリスト教の真の本質を見つける方法はただ一つである。この道に一歩踏み出し、この「いのちの道」に自らを委ねなければならない。その上で、少しずつ自分の目でそれを確かめてゆくのだ。外から眺め続ける限り、正しい理解には到達できない。確かに、出発する前に道順やどんな道標に注意すべきか教えられねばならない。旅の仲間も必要である。実際、誰かの道案内無しに旅立つのは不可能と言っていい。しかし他者《ひと》から道順を教えられただけでは、その道が実際にどんなものかは伝わらず、旅人自身の直接的な経験の代わりとはならない。各人がそれぞれ自分で、教えられてきたことが正しいかどうかを確かめ、またその受けとった伝統を追体験することが求められる。モスクワの府主教フィラレートは「『信経（信条）』は、あなた方がそれを生きない限り、自分のものとはならない」と言う。この旅を肘掛け椅子に座ったまま歩める人はいない。又聞きではクリスチャンにはなれない。神の「子」となった者はいるが、神の「孫」はいない。

　私が正教会のクリスチャンとして、とりわけ強調したいのはこの生きた体験の重要性である。二十世紀西欧の多くの人々に正教会への関心を呼び起こしたのは、その古代的雰囲気と保守主義であった。西方のクリスチャンたちは、正教会が自分たちに「私たちはかつてのあなたがたである」とメッセージを送っているように思いがちである。だが正教徒にとって伝統への忠実さは、何世代も前から受け継いできた式文や習わしを踏襲することではなく、むしろ「現在に」、ここで今働く聖霊の、常に新しい直接的な人格的体験である。

　ギリシャの田舎の教会を訪れたジョン・ベジェマンはそこにある古代的要素を強調しつつも、同時にそれ以上の何ものかを告げようとしている。

　……天蓋に覆われた聖堂の内側に昼は飲み尽くされる。

人々は、蝋燭《ろうそく》の灯りをたよりに祈り
その炎は、その地の聖人たちのアーモンド型の眼を浮かび上がらせる。
その瞳は格別の驚きも見せずに壁に描かれた彼ら自身の殉教のさまを見ている、
洩れて差し込む外光がかすかに落ちるその壁を。
炎はまた、緑青色と赤、金で彩色されたひび割れた絵の具を照らす
剥がれて木目が露出する、人々に何度も接吻された
たぶん十四世紀からずっと日々を重ねたイコン……。
この古い木は迫害によって剪定され、
血の混ざった水を撒かれて、力強く育ち
キリスト教以前の地層にまで深く根を下ろしている。
国家の庇護など必要とせず、自ら絶え間ない復活に生きている。

ベジェマンはここで、正教会が大切に守ってきたものに大きな注意を向けている。蝋燭を献げることなどの象徴的な所作の価値、「地上の天国」としての教会の意味を伝えるイコンの役割、一四五三年のコンスタンティノープル陥落に始まったトルコ支配と一九一七年の共産主義革命以来の迫害による殉教者の続出が正教の歴史に持つ重さを、彼はここで詩にしている。現代社会では、正教会は実際「古い木」である。だが古さを超えて「絶え間ない復活」が息づいている。重

要なのはこの点である。たんに古いということではない。

本書の目的はこの「絶え間ない復活」の深い源を明らかにすることである。とりわけ霊的な道に置かれている確固とした道標やマイル標になるものが、いくつか示されるだろう。正教会の過去の歴史や現代の状況の詳しい説明はしない。そういう説明は一九六三年に出版された *The Orthodox Church*, The Penguin Book（一九九三年改訂、邦訳『正教会入門』新教出版社、二〇一七年）で述べたので、この本ではできる限り重複を避ける。

本書の目的は正教会の基本的な教えを簡潔に説きながら、その「いのちの道」、「祈りの道」としての信仰を明らかにすることである。トルストイは彼の短編小説を「人は何によって生きるのか」と名付けたが、この書も「正教徒は何によって生きるのか」と題されてもよかった。もっと形式的な著述スタイルが好まれた一昔前なら、「問いと答え」で構成された教理問答の形が採用されたかもしれない。しかし本書は網羅的な説明を意図していない。教会とその「会議主義」的傾向、「聖人の交わり」、機密、奉神礼（礼拝儀礼）の意味などにはほとんど触れていない。それらについては、別にもう一冊書くことになろう。また時に他のキリスト教派に言及することがあっても、系統的な比較は何もしない。正教会がローマ・カトリックやプロテスタントと何が一致し何が一致しないかを指摘することより、私が一人の正教徒として生きる、その信仰を確信を持って述べるのが関心事である。

私だけではなく、他のより善い証人たちの声を聴いていただきたく、特に各章の最初と最後に多くの引用文を挿入した。引用した著者や出典の短い注釈は、本の最後に置く。それらの引用の多くは、正教会の奉神礼の祈祷書、日々の祈りに使われる祈祷文、さらには、「教父」と呼ばれる人たちからの引用である。しかしその引用は時に、もっと後の時代の著者たちのものにも及ぶ。同時代の著作家たちのある者もまた、教父と呼ばれてよいかもしれない。これらの引用は、その「道」をたどる私自身の歩みの道標として、私にとって最も助けとなった言葉である。名前はここで一々挙げないが、他にもたくさんの著作家たちに助けられたことは言うまでもない。

ルカ及びクレオパをエムマウス（エマオ）まで同行せし救世主や、今も旅行せんと欲する爾《なんじ》の僕婢《ぼくひ》に同行して、彼らを凡《およそ》そのわざわいより免れしめ給へ。

（「旅行安全祈祷」日本正教会訳より）

一九七八年九月二十六日
聖使徒・神学者福音記者ヨハネの祭日に

第一章　神秘としての神

人に知られていないようであるが、認められる
コリント人への第二の手紙6・9

理性で神は把握できない。もし把握できたなら、それはもはや神ではない(1)。
ポントスのエヴァグリオス

ある日、長老たちが師父アントニオスのもとを訪ねてきたが、師父ヨセフもまた彼らに同行していた。アントニオスは、彼らを試そうとして、聖書からある一節を引き、若い者から順々に始めて、その語が何を意味するか尋ねた。そこで弟子たちは各自の力に応じて、精一杯答えた。しかし長老は各々に言った。「そなたはまだわかっておらぬ」。最後に師父ヨセフに尋ねた。「あなたはこの言葉についてどのように言いますか」。彼は答えた「わたしは知らない」。すると、師父アントニオスは言った。「わたしは知らないと言うことで、師父ヨセフは真に道

を見出したのだ」。(2)

友が友と語るように、人は神に話しかける。
信頼のうちに近づき、近づきがたい光の内に住む御方の面前に立つ。(3)

「砂漠の師父の言葉」より

新神学者聖シメオン

「永遠」なるお方の「遠さ」と「近さ」

神とは何であり、誰なのか。

霊的な道の途上にある旅人は、より遠くへと歩んでゆくうちに、「永遠」なるお方について二つの正反対の事実――そのお方の超絶的な「遠さ」(他者性)と、それでもなお限りない「近さ」(近接性)をますます意識するようになる。

まず神が神秘であることに気づく。そしてその気づきは次第に確信へと強められてゆく。神は「絶対他者」であり、見えざるもの、思い描き得ないもの、徹底的に超越的なもの、すべての言葉を超え、すべての理解を超えたものである。ローマ・カトリックのジョージ・ティレルはこう述べている。「私たちの内の最も賢い者でさえ、生まれたての赤ん坊が世界とそのあり方を知り得る程度にしか、その支配が天と地に、時と永遠に及ぶ神のあり方は知り得ない」と。正教会の伝統の内に生きるクリスチャンならここで述べられている神の永遠性に完全に同意するだろう。ギリシャ教父が主張するように「理解できるものは神ではない」。つまり、私たちの理性的思考の積み重ねによって余すところなく理解したと主張される「神」は結局、人間の想像力によって作り上げられた「偶像」以上の何ものでもない。このような「神」は断じて本物ではなく、聖書と教会の教える「生ける神」ではない。人間は神の像として創られたが、神は人の像ではない。

第二に、それでもなお、この神秘の神は比類無く身近なものである。すべてのものの内に溢れ、私たちを取り囲むあらゆる所に、さらに私たち自身の内にも存在している。しかもその存在はたんなる漠然とした気配でも「力」でもない。ペルソナ的な実体として出会わされる存在である。人の理解を限りなく超えた神は、「お方《ペルソナ》」（神格）としてご自身を顕した。神は私たち一人ひとりにそれぞれの名で呼びかけ、私たちも彼に応える。人間と超越者たる神は「愛」の関係で結ばれる。それは人それぞれが最も親しい他の人と結ばれているのと同じだ。他の人を、彼らへの私たちの愛を通じて、また私たちへの彼らの愛を通して、知る。神との関係も、そのようなものだ。聖ニコラス・カバシラスの言葉によれば、私たちの王、神は……、

どの友よりも、愛情深く
どの君主よりも、正義であり
どの父よりも、愛にあふれ

自分自身の肢体よりも、密接に自分の一部であり
自分自身の心よりも、自分に必要である。(4)

そしてこれが私たち人の神体験の二本の「柱」である。神は他の何よりも私たちから遠いと同時に近い。しかし逆説的だが、この二つの「柱」は否定し合うことはない。反対に、一方の「柱」に引きつけられれば引きつけられるほど、もう一方の「柱」がより生き生きと意識される。「道」を進めば進むほど、神をいっそう親密に感じ、同時にいっそう遠く感じる。そのとき神は、よく知っていてなお、まだ知らないものとなる。最も幼い子供にはよく分かるが、最も輝かしい神学者には理解できない。神は「近づきがたき光」の中にあるが、人は愛による信頼によって神の臨在の内に立ち、神を友と呼ぶ。神は終点であり始点である。旅の終わりに私たちを歓迎してくれる主人である。しかしなお私たちの旅を、私たちのゆく道の一歩一歩を共に歩いてくれる同行者でもある。聖ニコラス・カバシラスが示すように「神は、旅する者の一夜の宿であり、同時に旅の目的地でもある」。

神秘であり、なお「お方《ペルソナ》」……、次にこの二つの面について考察しよう。

神秘としての神

畏れと驚異の感覚はしばしば「ヌミノーゼ(戦慄)」と言われる。ここから出発しないかぎり、

人はほとんどその「道」を進めない。サミュエル・パーマーがウィリアム・ブレイクを最初に訪れたとき、この老人はパーマーに「きみは、どのように絵画制作に向き合っているか」と聞いた。パーマーは「畏れと慄きをもって」と答えた。「それなら、大丈夫だ」とブレイクは言った。

ギリシャ教父たちは神との出会いを霧のたちこめた山道を歩く体験になぞらえる。一歩踏み出した途端、崖っぷちに立っている自分に気づく。その先には足を支える固い地面は無い。自分を待つのは底知れぬ奈落……。あるいは夜中に真っ暗な部屋にいて、開け放した窓から外を見ていると突然の稲妻の光、一瞬目がくらんで、とっさに後ずさり。神の生ける神秘に直面した時の体験も同じである。めまいに襲われ、慣れ親しんだ足場が何もかも消え去り、何かを掴もうにも、手がかりはない。内なる目は視力を失い、これまで当たり前と思い込んでいた一切が打ち砕かれる。

教父たちはまた、霊的な「道」の歩みの象徴として、アブラハムとモーセという旧約聖書の二人の人物をとりあげる。カルディアのウルで先祖代々の家に暮らしていたアブラム（後のアブラハム）は神に告げられる。「あなたは国を出て、親族に別れ、父の家を離れ、わたしが示す地に行きなさい」（創世記12・1）。彼は神の呼びかけを受け入れ、慣れ親しんだ土地から自分を引き抜き、どこへ向かい最後にはどこに着くのかも定かではないまま、見知らぬ地へと歩み出す。神はただ「行け……」と命じ、アブラハムは神を信じて従った。

モーセは神から相次いで示された三つの視像《ビジョン》を受け入れる。彼は最初に「燃える柴」の視像の中に神を見る（出エジプト3・2）。次に神は、砂漠を旅するイスラエルの民に寄り添って進む「雲と炎の柱」の内に、混じり合った光と闇を通して現れる（出エジプト13・21）。最後にシナイ山のいただきの「濃い闇」の中で、モーセは視像《ビジョン》なしに神に会い、神と話す（出エジプト20・21）。

アブラハムは慣れ親しんだ一族の家から見知らぬ地へ旅立ち、モーセは光から闇に進み出る。霊的な「道」に従って歩む一人ひとりにとっても同じである。「既知」から「未知」へ出て行き、光から闇へ前進する。単純に、無知なる暗闇から知恵の光へ赴くのではなく、部分的なものに過ぎない知識の光から、途方もない深みであり、「無知の暗闇」としか描写し得ないはるかに深遠で偉大な知識へと進む。「道」をゆく者はソクラテスのように、自分がほとんど何も理解していないことを自覚し始める。人々の疑問へのわかりやすい答えの提供ではなく、人々を神秘に対して徐々に目覚めさせるのが、キリスト教の務めである。正教会はそれを知っている。神は私たちの認識の対象というより、むしろ私たちの驚異の源泉である。詩篇8・1「主、われらの主よ、あなたの名は地にあまねく、いかに尊いことでしょう」を引用して、ニュッサの聖グレゴリオスは言う。「神の名は知の対象ではなく、驚異の対象である」[5]と。

人は、神が人間の言葉による神についての言明や思索とは全く比べようもなく偉大なことを悟ると、直接的な言明ではなく絵やイメージを通して神に触れる必要があると気づく。正教会の神学は多くの面で象徴的である。だが象徴性は神の超越性や「他者性」を伝えるには不十分である。「戦慄すべき神秘（misterium tremendum）」を指し示すためには、肯定的言明とともに否定的な言明、

――「神は～である」ではなく、「神は～でない」という言明――が必要である。否定という方法、否定神学的アプローチと呼ばれるものだが、この方法を使わなければ、神についての言明は全くお門違いの迷路に人を導いてしまう。神についての肯定的言明はどんなに正確でも、生きた真実には遠く及ばない。もし「神は善い」とか「公正である」と言うなら、神の善さと公正さは人間的な基準では推し量れないことを、すぐさま付言しなければならない。もし神が存在していると言うなら、「ただし神は多くの存在者の中の一つではない」と付言して、この言明にすぐに限界を設けておかねばならない。すなわち神の場合、「存在する」という言葉には特別な意味合いがある。肯定という方法は、否定という方法とつり合いを保っている。ニューマン枢機卿が言うように私たちは「肯定的な結果を求めて、何かを言ったり、それを取り消したりし続ける」。いったん神について何かを言明しても、その言明は超えられてゆかねばならない。述べられた言明は虚偽ではない、しかし虚偽ではないが、その言明も他のいかなる言葉も神の超越性を十全に表現し得ない。

霊的な道は、最も本来的な意味での「痛悔の狭き道」であることが最後には明らかになる。痛悔を意味するギリシャ語 *Metanoia* は、文字通りには「心を変える」ことを意味する。神へのアプローチは心を変え、習慣的な思考方法のすべてを剥ぎ取ることだ。自分の意志だけでなく、自分の知性も変えられなければならない。内面の遠近法を反転させ、ピラミッドのてっぺんを下にする必要がある。

そしてなお、モーセと共に入ってゆく「濃い闇」は、最後には実は輝かしいあるいは眩しい暗闇として立ち現れる。「知られない」という否定の道は私たちを、虚無ではなく充満へと連れて行く。正教会の否定は実のところは超「肯定」である。否定神学的アプローチは、外面的には否定的・破壊的であるが、最終的には肯定的である。否定神学的アプローチは肯定的なあるいは否定的なすべての言明を超えて、すべての言語や思考を超えて、生ける神の直接体験に触れてゆくように促す。

これが「神秘」という言葉が意味する真実である。厳密に言えば、「神秘」という用語は、隠されていることだけでなく、顕されることを意味する。ギリシャ語の名詞 *mysterion* は、「目と口を閉じる」という動詞 *myein* と関連している。異教の神秘宗教の入会儀礼では、志願者は目隠しをされて手を引かれるまま迷路を抜ける。すると突然目隠しを外される。そこで彼が目のあたりにするのは、自分を取り囲むいくつものカルトの標章である。キリスト教の文脈においても「神秘」という語はたんに、謎めいた神秘的な雰囲気や、不可解なことや、解けない謎を意味するわけではない。逆に神秘は人の理解のために顕された何事かである。ただ何もかもが隈無く顕されるわけではない。なぜなら神秘が人を導いてゆくのは神の深淵や暗闇だから。目は閉ざされている――だが、同時に開いている。

かくして神を神秘というなら、自ずから二番目の「柱」へと連れて行かれる。神は私たちから隠されているが、同時に顕されている。「お方《ペルソナ》」として、また愛として顕されているのだ。

「お方《ペルソナ》」としての神への信仰

「信経」は「我信ず、神が在るということを」ではなく「我信ず、一つの神を」と言う。「……ということへの信仰」と「……への信仰」には決定的な違いがある。誰かが、または何かが存在するのを信じるのは可能だが、人生に実践的な結果は何ももたらさない。ウィーガンの電話帳を開き、そこに記載されている名前に目を通すことはできる。それらの名前の何人かが、いやほとんどが実在することは信じる。しかし私は彼らの内の誰一人、個人的には知らない。ウィーガンに行ったことさえない。だから彼らの存在を信じるといっても、それは私にとって何事でもない。一方、大好きな親友に「私は君を信じる」と言うなら、「これこれの人物の存在を信じる」というよりはるかに多くのことを言おうとしているのだ。「私はあなたを信じる」ということは、あなたに向き合い、あなたに依存し、あなたに私の全信頼を預け、あなたに望みをかけることを意味する。そしてこれこそが、「信経」の神への告白である。

神への信仰は、ユークリッド幾何学で得られる論理的な確実性のたぐいとは全く異なる。神は論証の末の結論でも、数学の問題の解答でもない。神を信じることは、理論上の議論で「証明」されたから神の存在の可能性を受け入れることではなく、私たちが知り、愛する唯一の「お方」に信頼を置くことである。信仰は、何かが真実であるかも知れないという仮定ではなく、何者かが「そこにいらっしゃる」という確信である。

信仰は論証された確実性ではなく人格的関係である。この人格的関係は私たち一人ひとりの内で今はまだまったく不完全で、これから将来にわたって強められ深められてゆかねばならない。だから信仰が疑念と並存するのは決してあり得ないことではない。この二つは互いに排斥し合わない。幼い頃からの信仰をずっと保っている人はいるだろう。彼らはおそらく神の恵みによって、教えられてきたことをみな何の疑いも無く受け入れているだろう。しかし今日、西側の社会で生きるほとんどの人々には、このような信仰心は全く不可能である。私たちは「主よ、わたしは信じます。不信仰なわたしをお助けください」（マルコ9・24）という叫びを、己れのものとしなければならない。まさに、私たちの多くにとって、この叫びはついには死の門に至るまで続けられる祈りである。疑念はそれ自体では信仰の欠如を表してはいない。逆に信仰がそこに生きていて、成長していることを意味する。信仰はそれ自身の内に自足せず、危険を引き受ける。「知られていないこと」から目を背けない。「知られていないこと」との出会いのための果敢な前進である。正教のクリスチャンならば、J・A・T・ロビンソン主教の言葉にためらいなく共感するだろう。「信仰という行為は、疑念との絶え間ない対話である」と。トーマス・マートンの次の言葉も然りである。「信仰は確信と平和の原則となる前は、疑念と苦闘の原則である」。

それゆえに信仰は神との人格的な関係を意味する。その関係はまだ不完全で不安定ではあるが、それでも現実である。神を理論や抽象的な原理ではなく、「お方《ペルソナ》」として知ることである。ある人格《ペルソナ》を知ることは、その人についてあれこれ知ることをはるかに超えている。究極には彼や彼女を愛していることだ。互いの愛なくしては、他の人格をほんとうには「知り得ない」。憎んでいる相手は正しく知り得ない。人の理解を超える神について、誤解される可能性の最も小さい二つの言明がある。「神は人格的《ペルソナ》である」と「神は愛である」の二つである。この二つの言明は基本的に同じである。神の神秘に入って行く道は神への人格的《パーソナル》な愛である。『不可知の雲』によれば「神はおそらく思惟されるのではなく愛されるのだ。愛によってなら捉え、抱き寄せられるが、思惟によってはそれはできない」(6)。

信仰する者とその信仰の対象（神）との間をしっかりと結ぶ人格的《ペルソナ》な愛を、おぼろげなりにも指すものとして三つの例、あるいは言葉で表わされたイコンを示そう。一つ目は、二世紀の致命者聖ポリカルポスについての記述である。ローマの兵士たちが、年老いたポリカルポス主教のもとにやって来た。彼を捕らえて彼がすでに覚悟していたに違いない死に向けて連行するためだ。

兵士たちが到着したことを聞いたので、主教はやって来て、彼らと話した。みなは主教がとても老体であること、物静かなことに驚いた。ローマの当局者たちが、なぜ彼のような老人を捕らえるのに躍起になっているのか、いぶかった。彼はすぐに、遅い時刻ではあったが、食べ物や飲み物を、兵士たちに振舞うように指図し、彼らの欲するがまま飲み食いさせた。それから彼は、一時間ほど、心置きなく祈る時間を与えてくれるよう許しを乞うた。兵士たちが同意すると、立ち上がり、祈り始めた。彼は神の恵みに満たされ、二時間祈祷し続けて口を閉ざすことがなかった。祈りを聴くにつれ、兵士たちは驚愕した。そして、このように聖なる老人を捕まえにやってきたことを後悔した。老人はかつて出会った偉大なあるいは平凡な、祝福されたあるいは知られていない人々を、そして世界中のすべての公《カトリック》の教会を名をあげて記憶していたのだ。(7)

彼の神への愛、そして神の内にあるすべての人類への愛は全身全霊をあげてのものであり、この危機の瞬間にあっても、聖ポリカルポスは自らの身に迫る危険ではなく、他者のことのみを考えていた。ローマの総督が「ハリストスを否定するなら、命を救ってやる」と言った時、彼は答えた。「八十六年間、私は彼の僕でしたが、彼は私に決して不当なことをなさいませんでした。どうして私を救ってくださった、私の王であるお方を冒瀆できましょうか」。

二つ目は、十一世紀の新神学者聖シメオンの、ハリストスが光の視像《ビジョン》の中に自身を現したときの描写である。

あなた（神）は素晴らしい輝きで私を照らした、それはあなたを全身全霊でまっすぐに見つめている私に、あなた全体が私に現れたかのようだった。主よ、あなたは誰ですかと問うと、あなたは喜びをもって放蕩息子の私に話しかけてきた。穏やかに話しかけられると、私は驚きと恐れで立ち尽くし、少し自分を省みて言った。「この栄光とまばゆいばかりの輝きはなんですか。このような偉大な祝福を受けるのに、どうして私のようなものを選ばれたのですか」。あなたはお答えくださった。「私は神である。あなたのために人となった神だ、あなたが心の底から私を求めたのだから、これから先ずっとあなたは、私の兄弟であり、私を継ぐ者であり、そして友人である」(8)。

三つ目に十七世紀ロシアの主教、ロストフの聖ディミトリの祈りを紹介しよう。

来たれ、我が光よ、我が暗闇を照らせ
来たれ、我が命よ、死から我を蘇らせよ
来たれ、我が医師よ、傷を癒せ
来たれ、聖なる愛の炎よ、我が罪の棘をやきつくし
あなたの愛の炎で我が心に火を付けよ
来たれ、我が王よ、我が心の王座に就き、治めよ
あなただけが我が王、我が主だからである(9)。

三つの「指標」

私たちは神を愛している。神は私たちと人格的《パーソナル》な交わりを結ぶ友である。友の存在には「証

明」は無用である。神は「外面的な証拠で証しされるものではなく、内なる秘められた呼びかけである」とオリヴィエ・クレマンは言う。もし神を信じているなら、体験によって直接に知っているからであり、決して論理的な証明の結果ではない。しかしここでは「一度きりの決定的な体験」と「体験の積み重ね」との区別が必要である。「直接的な体験」は、必ずしも具体的ないくつかの体験の積み重ねがなくとも得られる。聖使徒パウロがダマスカスへの途上でイイススの声や光の視像《ビジョン》を受けた（使徒9・1―9）のと同様の体験から、神を信じるに至った多くの人々がいる。しかし彼ら以外にも、そのような際立った体験はなくとも、自己の全生涯を通じて、どんな疑念も揺るがし得ない確固とした確信として、生ける神の完全な体験が存在すると、断言できる多くの人々がいる。彼らは、聖アウグスティヌスやパスカル、ウェスレーのように（神体験の）場所や瞬間を正確に言い表すことができなくても、自信を持って「私は神というお方《ペルソナ》を知っている」と主張する。

神の存在の「証拠」はつまるところ、ここに根差している。それは「直接の体験」（必ずしもその積み重ねでなくとも）に依拠する。しかし、それでもなお、神の存在への論理的な実証はあり得ない一方で、確実ないくつかの「指標」はある。私たちを取り巻く世界に、さらに私たち自身の内には、説明を求めないではいられない幾つかの事実があり、神というお方《ペルソナ》への信仰に自らを引き渡さないなら、それらは説明がつかぬままに残る。以下の三つの「指標」には触れないわけにいかない。

最初に「私たちを取り巻く世界」がある。そこに何が見出されるだろうか。多くの無秩序と明白な荒廃、多くの悲劇的な絶望と無益としか見えない苦悩である。しかしそれだけではない。もし「悪の問題」があるのなら「善の問題」もある。どこを見ても混乱ばかりではなく美もある。雪の結晶にも、木の葉や虫にも、人の手の技では及びもつかない優雅さと調和で構成されたデザインが見出される。これは感傷にくるむ必要はないが、無視はできない。どうして、なぜ、こんなデザインが現れたのか。買ったばかりのトランプのカードの箱を開けると四つの組のカードがきれいに順番に並べられて入っている。しかしシャッフルすると、また、シャッフルすればするほど最初のきれいな配列は消え、意味の無い羅列に置き換わってしまう。しかし自然界では正反対の現象が起こっている。最初の混沌はやがてより複雑に、より意味あるものへと変わり続けてゆく。この過程で最も複雑で、最も意味あるものになったのが人間それ自身である。トランプのカードのパックに起こったプロセスが、なぜ宇宙レベルで逆再生されるのだろう。何が、または誰がこの宇宙的秩序やデザインを引き受けたのか。このような問いは決して理性に反しない。そこに秩序や意味を認めたなら、人をその真相の究明に駆り立てるのは、理性そのものである。

「そこに実っている小麦は私にとって東洋の不滅の穀物であり、収穫されることも、種を蒔かれることもあろうはずはなかった。それは永遠から永遠へと立っていると私は思い込んでいた。路傍の土くれや石は、金のように貴重だった。……私が最初に門をくぐったときに見た緑の木々に私は夢中になり、うっとりした。その甘みと並外れた美しさは私の心を踊らせ、我を忘れて狂わんばかりにした。世界はこんなにも不思議で驚嘆すべきものだったのかと」。このトーマス・トラハーンが幼時に理解した世界の美しさを、正教の歴史に残された数々の言葉もくり返す。例えば、キエフのウラディミル・モノマフ公の言葉を挙げよう。

見よ、水の上に広がる空、日、月、星、暗闇、光、大地を。主よ、あなたがこれを定めたのはいかなる摂理によるのか。見よ、様々の動物や、鳥、魚を。主よ、あなたの愛の配慮がどのように飾ったのか。また私は讃えよう、どのようにあなたが塵から人を創り出し、どのようにその顔かたちを多様にしたかを。世界中のすべての人々を一つに集めても、一人として同じ姿かたちをしている者はいない。神の智恵がそれぞれの姿かたちを創ったのだ。また、どのように空の鳥たちが彼らの楽園から出てきたのかと驚かされる。鳥たちは一つの国に居続けるのではなく、強い鳥も弱い鳥も、神の命ずるまま世界中を、また、すべての森や草原へ飛んでゆく(10)。

この世界には混乱とともに意味もある。不毛さとともに統一性と美もある。これが神を指し示す第一の指標である。また人は「自分自身の内」にも第二の「指標」を見出す。人は快楽を欲し苦痛を忌避しがちだが、それでも「自分の内に」、義務と道義的責任への感覚や、善悪の判断と良心を持っている。なぜだろう。この良心はたんに他者から教えられた尺度に従えと命じるのではない。人格的な呼びかけである。さらに特定の時と場所の内に置かれていながら、なぜ聖ニコラス・カバシラスが「無限の渇き」と呼んだもの、無限であるものへの渇きを、人は自分自身の内に見いだすのだろうか。私は誰か。私は何か。

これらの質問に明快に答えるのは至難である。人が「自分」として自分を区切る境界線は非常に広い。人はそれぞれに、ほんとうの自分とその深淵をほとんど知らない。内面と外面の認識能力によって、記憶によって、そして無意識の領域に働く力によって、私たちの探求は幅広い空間に及び、過去にも未来にも伸びてゆき、空間と時間を超えて永遠に届く。「心の中には底知れない深みがある」と「聖マカリオスの講話」は断言する。「小さな器だが、そこには龍や獅子が、毒のある生き物が棲み、あらゆる邪悪な宝がある。険しいでこぼこ道が続き、ぽっかり口を開けた裂け目がある。そのうえ神がいまし、天使がおり、いのちと神の王国、光と聖使徒、天上の街と恩寵の宝、すべてがある」(11)。

このように、私たちそれぞれの心の内に第二の「指標」がある。私の良心は何を意味するのか。私の内にある「無限」の感覚はどう解釈されるのか。私の内面に、私を超えたものへ絶えず目を向けさせる何かがある。私の内に驚きの源が、不断の自己超越の源がある。

第三の「指標」は「他の人格との関係」に見いだされる。誰にでも全生涯でおそらく一度や二度は突然、他者の最も深い所にあるものや真実が露わにされたことに気づく瞬間があり、まるで自分自身のことのように、彼や彼女の内なるいのちを体験したことがあったはずだ。他者の真の人格との出会いは、繰り返すが、時を超えた「超越」との接触であり、死より強い何かとの接触でもある。他者に心の奥底から「あなたを愛している」と言うなら、それは「あなたは決して死なない」と告げているのだ。このような人格的分かち合いの瞬間《とき》に、人は論証によってではなく直接的な確信として、死を超えたいのちがあるのを知る。私たちの他者との関係の内に、私たち自身の体験として、その向こうに「超越」としか言いようのない何かが指し示される瞬間がある。このような瞬間にどのように忠実であればよいのだろう。それをどう受けとめればよいのだろう。

私たちを取り囲む世界で、私たちの内なる世界で、そして人格相互の関係において、三つの「指標」は互いに相まって、神への信仰の入り口に私たちを連れて行き、神にいっそう近づくための道を差し出す。この三つはいずれも、神の存在の論理的な証拠とはならない。しかし、これに代わるものがあろうか。「宇宙の明白な秩序は偶然の一致、良心は人間の社会的関係が生み出したものに過ぎない。この天体にある生命がついに消えてしまうとき、人類全体が経験してきたすべて、私たちの可能性のすべてが、あたかも全く存在しなかったかの如く霧散してしまう」、人は畢竟、そう言うほかないのか。私にとって、こんな答えはまったく不十分で非情であるばかりか、極めて道理にかなわない。

私は人として当然にもあらゆるところで意味のある説明を探し求めないではおられない。人生で出会う些細なことへの拘りもさることながら、もっと大きな難問にも答えを探さずにおられない。なぜ世界は「このようなもの」なのか、……なぜ美と共に醜さがあるのか、なぜ自分は高貴であると同時に卑しいのか、さらになぜ他者を、彼らが有する永遠の価値を認めて愛すべきなのか、それを理解するために、神への信仰は助けとなる。神を信じないなら、これらすべてに何も説明を見つけられない。神への信仰は、様々なものごとの意味を理解させ、首尾一貫した一つの全体として見せてくれる。他の何ものもなし得ない方法で。信仰は私に、多くのものを「一つ」のこととして理解させる。

本質とエネルギア

神の人間への関わりの両極——知られていないがよく知られている、隠されているが顕される——を示すために、正教会の伝統は神の本質と、すなわち神の本性や内的なあり方と、神のエネルギア、すなわちその作用や力の働きを区別する。

「神はその本質に即しては万物の外にいるが、ご自分の力を通して、神は万物の内にいる[12]」と聖大アタナシオスは述べる。「私たちはそのエネルギアを通して、その本質を知る」と聖大バシレイオスは断言する。「誰もかつて、神の本質を見たことはないが、神のエネルギアを体験することで本質を信じる[13]」。神は本質によっては他者であり、エネルギアによっては近づき得るものである。神は私たちの理解を超えた神秘であるから、神の本質と内なる存在は、この世でも来るべき世でも知り得ない。もし仮に神の本質を知ったなら、神が神自身を知るのと同じ方法で私たちは神を知ったことになる。もちろん神は創造したお方であり、私たちは創造されたものだから、それは不可能だ。神の内なる本質は、永遠に私たちの理解を超えている。しかし一方で、神のエネルギア、恩寵、いのちと力は全宇宙に満ち、私たちは直接近づき得る。

そのように本質は神の根源的な超越性を意味し、エネルギアは神の内在性と遍在を意味する。正教会が神の「エネルギア」と呼ぶのは、神から「放出」されるもの、また神と人との仲立ち、さらに神から与えられる「もの」や「賜物」ではない。反対にエネルギアは神の働きと自己顕現における神自身である。人が神のエネルギアを知りそれに与るとき、人は被造物にとって可能な範囲で、真に神自身を知り神に与る。しかし神は神であり、私たちは人間である。だから神は私たちを所有しているが、私たちは神が私たちを所有するのと同じようには、神を所有できない。

エネルギアを神によって人に授けられた「もの」と考えるのが間違いであるように、エネルギアを神の「一部分」と見なすのも間違いである。神性は単一で分かれざるものであり、分かたれた部分を持たない。本質は神自身として神すべてを、エネルギアは神の働きとして神のすべてを指し示す。神はその全体を、聖なるエネルギアのそれぞれにおいて表す。本性とエネルギアの区別によって、神そのものには近づき難いことと、一方で神から出る愛において、神そのものが人に近づき得るものとなったことを、同時に言明できる。

神の本質と神のエネルギアを区別することで、神と人の間の直接あるいは神秘的な合一（一致）の可能性を確言できる。それをギリシャ教父たちは、人間の「神化《テオーシス》」とよぶ。しかし同時に、両者の汎神論的な同一視は排除される。人は神のエネルギアに与るが、本質は分かち合わない。合一はあるが、融合や混同はない。神と「一つに」なったとしても、人は人であり続ける。人は呑み込まれ消滅されるのではなく、神と人との間には、「我と汝」のペルソナ的関係が保たれ続ける。

神とはこのようなお方である。本性において知り得ず、エネルギアにおいては知り得る。考え得る、また表し得るすべてを超えているが、それでも私たち自身の心よりも私たち自身の近くにいる。否定神学の方法を使って、私たちは自らが形作った神についてのすべての偶像やイメージを粉々に打ち壊す。なぜなら神の超越的な偉大さにふさわしいものは何もないことを知っているから。しかし同時に、祈りとこの世への奉仕を通じて刻一刻、神のエネルギアが、一人ひとりにまた一つ一つに直接的に臨んでいることを見出す。日々刻々たえず神に触れるのだ。フランシス・トムソンが言っているように、私たちは「未知なる国にいない、……たくさんの壮麗なもの」が私たちのまわりに満ちている。ヤコブの梯子《はしご》が「天国とチャリング・クロスの間に掛けられている」。

ああ、見えざる世界よ、爾《なんじ》を見る
ああ、触れられざる世界よ、爾に触れる
ああ、知られざる世界よ、爾を知る
理解を超えた者よ、爾を捕える

ヨハネス・スコトゥス・エリウゲナの言葉によれば、「見ゆると見えざる万物は、神の顕現あるいは出現でもある」。クリスチャンとは、見るところすべてに神を見出し、神と共に喜ぶ者である。初期のクリスチャンが次の言葉をハリストスに帰したのは、理由が無いわけではない。「石を持ち上げてごらん、私を見つけるだろう。木を断ち割ってごらん、そこには私がいるだろう」。

想像してみなさい。垂直に切り立った険しい絶壁、そのてっぺんには縁《へり》が突きだしているのを。そしてさらに想像を続けて欲しい。もし、人がこの絶壁の頂で崖っぷちに足をかけて岩の裂け目から下をのぞき込んで、そこにはしっかりした足場もなく、ほかにも足を支えてくれそうなものが何もないのを見たら、何を感じるだろうかと。質料的な事柄という「足場」を飛び越えていかなる大きさも側面（次元）もなく、永遠の彼方から存在する何ものかを探求してゆくときの、魂の体験はまさに、このようなものだと私は思う。なぜなら、そこにはしっかりと保持できるものは何もなく、場所も時間もなく、基準となる目安も、他の何ものもない。私たちの精神はそれに近づけない。かくして、魂はつかみ所の無いものから、次々と滑り落ちてしまい、目がくらみ惑乱して、再びそれと同質のものへと戻ってゆかざるを得ない。もはやこれを「超越的なもの」として知ることで満足しなければならなくなる。魂が知るのは、それは事物の本性とは、完全に異なるということだ。[14]

ニュッサの聖グレゴリオス

夜中に、扉が全部閉まっている家の中に立っていると考えてみなさい、とつぜん稲妻が走る。まさにその瞬間窓を開いたら、どうだろう。明るさに耐えられず、すぐさま目を閉じ、窓から後ずさりして離れることで、自分を護るだろう。感覚の世界に閉じこめられている魂にとっても、そうである。もし仮に、知性の窓を通して外を覗いたら、魂はその稲妻のような明るさに圧倒されてしまう。その明るさは魂の内にある聖霊の証である。魂は、覆いが取り外された光の輝きに耐えられず、すぐさま自分の知性に当惑し、自らの内に引き戻され、感覚と人間的な事どもを隠れ家として、そこへ逃げ込んでしまう。(15)

新神学者聖シメオン

筆舌に尽くしがたい「光」を言葉で表そうとする者はだれでも、本当の嘘つきである――真実を憎んでいるからではなく、その描写の不適切さゆえにである。(16)

ニュッサの聖グレゴリオス

感覚と知性の働きを捨て去り、感覚と知性が捉えられる一切から、非存在と存在のすべてから離れなさい。また可能な限り無知によって、すべての存在や知識を超えたものであるお方との一致へと手を伸ばしなさい。そうすれば、あなた自身やすべてのものからの妥協のない絶対的で純粋な超脱を通して、またすべてを超越し、すべてから解き放たれることを通して、全存在を超える聖なる輝ける暗闇へと導かれるだろう。……この理解を絶した暗闇に入ると、容易には語り得ないが完全な沈黙と無知へと入れられたことに気づく。……すべての知識が無となると、人は自分の最も高度な部分に結ばれる。その時人は、何であれ創られたものとではなく、自分自身とでもなく、他者とでもなく、ただ全く知られざる唯一の「一者」と共にある。そして何も知らないことで、人は理解を凌駕した方法で知る。[17]

アレオパギタの聖ディオニシオス

神の姿は言語に絶し、言い表し得ず、肉体の目で見ることができない。栄光において何ものにも納め得ず、偉大さにおいて悟り難く、高尚さにおいて思いは及び得ず、また強さにおいて比類なく、知恵において近づき難く、愛において模倣を許さず、恩寵において言い表せない。……人の中にある魂は、人の目に隠されているので見えないが、身体の動きを通してその存在を知ることができる。同様に、神は人の目には見えないが、神の摂理とみわざを通じて見え、知られる。[18]

アンティオケのテオフィリオス

私たちは神をその本質においては知らない。むしろ創造物の偉大さや全創造物に対する神

の配慮から神を知る。この方法により、鏡を使うかのように、神の無限なる善と知恵と力への洞察を得る。(19)

表信者聖マクシマス

神と人の魂の間で起こる一番重要なことは、愛することと愛されることである。(20)

カリストス・カタフィジオティス

神への愛は忘我の愛であり、それは自分を自分自身から脱出させる。それは愛する者を、もはや彼自身の者であり続けることを許さず、ただ最愛のお方のものとする。(21)

アレオパギタの聖ディオニシオス

動かざるものが下って来たことを知り
見えざるものが私に現れたことを知り
すべての創造物のはるか外側にある彼を知る。
彼は私を彼自身の内に連れていき、彼の腕の下に隠す。
そして私は、全世界の外側にいる私自身を見出す。
この世界で、弱きもの、ちっぽけで死すべきものである自分が世界の創造者、彼のすべてを、私の内に見る。
神の命の内にあるのだから、もはや私は死なないことを知る、
私の中で泉のように湧き出す神の命のすべてがある。
神は私の心にあり、天国にある。
あちらとこちらの両方で、私に神は等しく栄光を表す。[22]

新神学者聖シメオン

第二章　至聖三者としての神

我が憑恃《たのみ》は父
我が避所《かくれが》は子
我が帡幪《おおい》は聖神《せいしん》（聖霊）なり
聖三者よ、光栄は爾に帰す（1）

聖イオアニコスの祈り（日本正教会訳）

無原にして造られざる三者
分かれざる唯一者
三にして一なる者
父、子、聖神《せいしん》（聖霊）、唯一の神よ
泥の口よりする歌を
燄《ほのお》の口よりする者の如く納れ給へ。（2）

「三歌斎経」、聖大月曜晩堂大課より（日本正教会訳）

相互の愛としての神

「信経」は冒頭で告白する。「我信ず、一つの神……」。しかし、すぐに続けてこれ以上のことを言う。唯一でありながら父と子と聖霊の三者である神を信じる、と。神の内には、真の一致と同時に真正なる多様性がある。キリスト教の神はたんに「一つ」ではなく結合体（union）であり、たんに一つに結ばれている（unity）のではなく、共同的な存在（community）である。神には「社会」との何かしらの類似性がある。神は自分だけを愛する単一のお方《ペルソナ》ではなく、自己完結した「単子《モナド》」や「一者」ではない。神は「三一」者、三つの等しい位格が、互いの愛の絶えざる運動によって、それぞれが他の二つの内に住まう。キャサリーン・レインの詩のタイトル *Amo ergo sum*「我愛す、故に我あり」は、至聖三者の神の表言《モットー》に実にふさわしい。また、シェイクスピアが二人の者の愛について言ったことは、永遠なる三者の聖なる愛にも当てはまるだろう。

彼らは、あまりに愛し合っていたので
つがいでありながらも、一つの同じ本質を持っていた。
二つの異なるものでありながら、分かれてはいなかった。
この愛の中で数は抹殺されてしまった。

ウィリアム・シェイクスピア「不死鳥と雉鳩」

霊的な道の終着点は、私たち人間が聖三者の相互内在性《ペリコレーシス》の一部となること、すなわち神の内に存在する愛の円居《まどい》に完全に取り込まれることである。だからこそハリストスは十字架を目前にした晩に「父よ、それは、あなたがわたしのうちにおられ、わたしがあなたのうちにいるように、みんなの者が一つになるためであります」（ヨハネ17・21）と祈ったのだ。

なぜ神が三者であることを信じるのか。ユダヤ教徒やイスラム教徒のように、たんに唯一の神を信じる方が容易ではないのか。確かに容易である。至聖三者の教義は私たちの前に、挑戦的に立ちはだかる、文字通りの「難問」として……。それは、ウラディミル・ロースキィの言葉を借りれば「人間的思考にとっての十字架」である。そしてこの難問は、私たちに徹底的な方向転換を求める――たんに形ばかりで見せかけの同意ではなく、精神と心の真の方向転換《メタノイア》である。

ではなぜ至聖三者として神を信じるのか。前章で、神の神秘に入るための最も有効な二つの方法として「神は位格的《ペルソナ》である」ことの認識、そして「神は愛である」ことの認識をあげた。両者は分かち合いと相互作用を含意している。第一に、「位格《ペルソナ》（人格）」は「個人」とは全く異なる。孤立し自己にのみ依存しているなら、誰一人、真の人格ではありえない。国勢調査上の記録としてだけの中身のない単なる「個人」にすぎない。自己中心性は真の人格性の喪失である。それぞれが他者の人格との関係に入っていくことによって、他者の人格のために他者の人格の内に生きることでしか、人は真の人格にはなれない。少なくとも二人以上の交わりがない限り、人間にはなれない。これは真実である。第二に、真の愛も同様である。愛は孤立する者にはあり得ず、他者の存在を前提する。自己愛は愛の否定である。チャールズ・ウィリアムズがその破壊的結末を「地獄堕ち」という小説に描いているが、自己愛は地獄である。だから自己愛はすべての喜び、またすべての「意味」の息の根を止めてしまう。「地獄」は他の人々のことではない。自己中心性によって他者との関わりを絶ってしまった自分自身である。

神は私たち自身が自らのこととして知っている最上のものよりも、はるかに善きものである。人生で最も貴重なのが「我と汝」の関係ならば、ある意味でそれと同じ関係が、神自身の永遠のあり方にもあるに違いない。至聖三者の神の教義の中心的意味はここにある。聖なるいのちのまさに中心で、神は永遠の先からご自身を三重の「我と汝」の関係として知り、そしてそれを絶え間なく喜び続けている。ただこれは、人間の人格性《ペルソナ》と人間相互の愛に対する人間的な理解の限界の内で、「我と汝」の関係を至聖三者の神について比喩的に当てはめたに過ぎない。だから付言しておかねばならないのは、この、比喩で語るほかなかった真実は、私たち人の想像を限りなく超えていることである。

人格性と愛は生命・運動・発見を示す。だから聖三者の教義が教えるのは、神について考察する際には、静的ではなくむしろ動的な用語を用いるべきことだ。神は単なる静寂でも、安らぎでも、変わらざる完全さでもない。至聖三者の神をイメージするには風や、流れる水や、燃え尽きない炎のイメージが助けになろう。至聖三者の最上の喩えはずっと変わることなく、一つの炎として燃える三つのたいまつである。「砂漠の師父の言葉」はある修道士がパネホの師父ヨセフを訪ねた時のことを伝えている。「父よ、私は自分の分に応じて、祈祷や斎《ものいみ》（断食）、読書や沈黙の規範を謙虚に守り、そして出来る限り、清い考えを保っています。他にもっとできることは何でしょうか」と訪問者は聞いた。すると師父ヨセフは、立ち上がり、手を空に向けて上げた。すると十本の指が、十本の燃えるたいまつになった。長老は修道士に言った「望むなら、あなたは完全に炎のようになることができる」と。もし生ける炎のイメージが、人間の本性の最高の高みへの理解を助けるならば、神にも当てはまらないだろうか。至聖三者の三つの位格《ペルソナ》は「炎のように完全」である(3)。

しかし最も誤解されにくい至聖三者のイコン《かたち》は私たちの外側の物質世界にではなく、人の心の内に見出されねばならない。その最も適切な比喩は、本章の語り出し、すなわちもう一人の人格のために熱心に心を砕くという経験、そして私たちの愛が、そのもう一人からの愛として返ってくることを知る経験である。

一つの本質の内にある三つの位格

「わたしと父は一つである」とハリストスは言った（ヨハネ10・30）。彼は何を言おうとしたのか。それに答えるにはまず、七回の全地公会議の最初の二つの公会議に目を向けなければならない。ニケア公会議（三二五年）とコンスタンティノープル公会議（三八一年）、そしてこの二度の公会議で確認された「（ニケア・コンスタンティノープル）信経」である。信経で言明されている中心的かつ決定的な確認は、イイスス・ハリストスは「真の神よりの真の神」、神・父と「一体（同一本質《ホモウシオス》）」であることだ。言い換えれば、イイスス・ハリストスは父と同等である。彼は父が神であるのと同じ意味で神であり、なおかつ父と子は二つの神ではなく一つの神である。この教えはギリシャ教父たちによって展開され、四世紀末に聖霊についても同様に言明された。聖霊も同様に真の神であり。父と子と同一本質である。しかし父と子と聖霊が一つの単一の神であっても、なおそれぞれは「永遠の先」（「万世《よろずよ》の先」）から位格、自己意識を持つ区別された主体である。神の内には永遠の先から、まぎれもなく区別された位格の、真の一致が存在する。「本質」、「実体」ないし「存在者」（ウシア）等の用語は一致を示し、位格《ペルソナ》（ヒュポスタシス、プロソーポン）という用語は区別を示す。次に、この不可解な言い方が何を意味しているかを考えてみよう。至聖三者の教義は私たちの救いにとって決定的な意味を持つのだから。

父と子と聖霊は本質において一つである。これはたんに、これら三つのすべてが、同じグループや一般的な集合体の代表として一つという意味ではなく、それらが単一の、独自の、特殊な現実を形成しているという意味で「本質において一つ」なのだ。この点で、三つの神の位格《ペルソナ》が「一つである」ことと、三人の人間の人格《ペルソナ》が「一つである」という言い方には、重要な違いがある。三つの人格、ペテロ、ヤコブ、ヨハネは同じ一般的集合体「人間」に属している。しかしどれほど彼らが緊密に一致協力していようと、それぞれ別々の自発的に発せられる力によって、それぞれの意志とそれぞれの働きを保ち続ける。手短に言えば、彼らは三人の人間であり、一人の人間ではない。しかし至聖三者の三つの位格の場合、それは当てはまらない。区別はあるが分離はない。聖書の証言に従って聖人たちが断言するように、父と子と聖霊は三つではなくただ一つの意志、三つではなくただ一つの働き《エネルギア》を持つ。この三つの内の一つが、他の二つと別に働いたことは一度もない。彼らは三つの神々ではなく、一つの神である。

しかしなお、三つの位格が決して互いから離れては何事もしないにもかかわらず、神には明確な一致と共に真正なる多様性がある。自分のいのちの内に神が働くのを体験するとき私たちは一方で、三者が常に共に活動していること、それでもなお三者は私たちの内で異なったかたちで活動していることを知る。私たちは神を「三・一」のお方として体験する。この神の外的な活動における三つの区別は、神の内的ないのちにおける三つの区別の反映である。三つの位格の間の区別は神ご自身の本性の内に存在する永遠の区別と見なされねばならない。それはこの世界での神の外的な活動に適用されるだけではない。父と子と聖霊はたんに神の現れの「様式」や「様相」ではない。神が被造物の前でその時どきに、かぶったり外したりする「お面」ではなく、それらは逆に、三つの同等かつ永遠に共存する位格である。人間の場合は父は子より年上であるが、神については「父」また「子」として語る際は、その言葉を文字通りに解釈してはならない。私たちは「子」について「彼が存在しなかった時はなかった」と言明し、同じことを「聖霊」についても言明する。

この三者のそれぞれが十全かつ完全に神である。そのどれかが神として他より優れていたり劣っていたりすることはない。それぞれが神性の三分の一を分け持っているのではなく、それぞれは全体として完全な神である。しかもそれぞれはこの一なる神をそれぞれの区別された位格的なあり方で生き、存在している。この多様性の内にある至聖三者の一致を強調して、ニュッサの聖グレゴリオスは、次のように述べる。

父の全てが、子の内に明らかになり、また子の全てが父の内に明らかになる。なぜなら子全体が父の内に住まい、子は自分の内に住まう父全体を持つ……。いつも父と共にある子は父から離れられず、また聖霊も自身を通じて万事に働く子から離れられない。父を受け入れる人は同時に子と聖霊をも受け入れる。三者の間にいかなるものにせよ分離や分裂を思い描くことさえできない。父から離れた子は考えられないし、子から聖霊を引き離すこともできない。三者の間には言葉と理解を超えた分有と区別がある。位格間の違いは本性の一性を損なわず、さらに分かち合われた本質の一致は各位格それぞれの異なった特性を混同してしまうこともない。一致されると同時に区別されるものとして神を語らねばならないことに、驚かないでほしい。いわば謎かけを用いて不可解で逆説的な、一致とともにある多様性、多様性とともにある一致を、思い描くのだ。(4)

「謎かけを用いて……」。聖グレゴリオスは、至聖三者の教義が「逆説的」であり「言葉と理解を超えている」ことを強調するのに四苦八苦している。それは神の側から啓示される何ものかであり、私たち自身の理性で実証されるものではない。人の言葉でほのめかすことはできても、充分には説明できない。私たちの理性の力は神からの賜物であり、最大限に用いなければならないが、その限界は理解していなければならない。至聖三者は哲学的な理論ではなく、私たちが礼拝する生ける神である。議論や分析が「言葉のない祈り」に代わるとき、私たちの至聖三者へのアプローチはある段階に達する。「すべての死すべき肉体を沈黙させ、畏れ慄きを持って立て」（「聖ヤコブの聖体礼儀」から）。

各位格の特性

第一の位格である神・父は神性の「泉」であり、他の二つの位格の源泉、起因ないし起源である。神・父は三つの位格の間に一致をもたらす接合点《きずな》である。一つの父が在る故に、一つの神が在る。「結合点は父である。位格の秩序は父から、また父へと形成されている」（神学者聖グレゴリオス(5)）。他の二つの位格は父との関係によって、それぞれ区別される。すなわち子は父から「生まれ」、聖霊は父から「発出する」。西方ラテン教会では通例、聖霊は「父及び子から発出する」とされ、「信経」に「フィリオクェ」（「及び子から」）という言葉が挿入されてきた。正教会は「フィリオクェ」を、東方の教会の同意なしに信経に付加されたので正式に認められた挿入とは見なさない。そればかりではなく、この一般的に「聖霊の二重発出」と呼ばれる教義は神学的に不正確で霊的にも有害なものと見なす。正教会が今日まで従ってきた四世紀のギリシャ教父たちの教えによれば、父は神性における一致の唯一の源泉であり基盤である。父に加えて子を、父と同様に、また父と一緒に源泉とすることには、三つの位格それぞれの特性を混乱させてしまう危険性がある。

至聖三者の第二の位格は「神の子」、神の「言葉」ないし「ロゴス」である。すでに示したように、神を子と父として語ることは、すぐさま相互の愛の動きを暗示する。これが暗示しているのは、永遠の次元にあって、神ご自身が子として、子にふさわしい従順と愛によって、父が彼の内に、父にふさわしい自己贈与によってもたらす存在を、父に与え返すことである。父が私たちにご自身を示されるのは、子の内にあって、また子を通してである。「わたしは道であり、真理であり、命である。だれでもわたしによらないでは、父のもとに行くことはできない」（ヨハネ14・6）。地上に、ベツレヘムの町で処女マリアから人として生まれたお方は、まさにこの「子」である。しかし神の「ことば」また「ロゴス」として、このお方はすでに藉身《せきしん》（受肉）以前から働いている。このお方はすべてを貫いている秩序の原理であり目的である。それは一切を神の内での一致に引き寄せてゆき、全世界を「コスモス」、すなわち調和し統合された全体へと造り変える。創造者ロゴス（Logos）は被造物一つ一つにそれ自身に内在するロゴス（logos）ないし内的原理を分かち与え続けている。それは事象《ものごと》を特徴付け、他と区別し、同時にその事象を神の方に引き寄せ、方向付ける。職人、制作者としての人間の仕事はそれぞれの事象に宿るこのロゴスを見分け、目に見えるようにすることである。人は支配ではなく共働《シネルギア》を追求する。

第三の位格は聖霊である。神の「風」や「息」である。言葉でそつなく整理してしまうことが不適切なのはよく心得た上であえて言えば、聖霊は私たちの「内なる神」、子は私たちと「共にある神」、父は私たちの「上にある神」、また私たちを「超えている神」である。子が私たちに父を見せるように、聖霊は私たちに子を見せ、私たちに子をもたらす。それでもなお、子と聖霊の関係は相互的である。聖霊は子を私たちにもたらすが、私たちに聖霊を送るのは子なのである。（ここで注意しておくが、聖霊の父からの「永遠の発出」と「時の内への派遣」すなわち子によって時間の内にこの世界へ送られることとは別のことである。至聖三者の永遠のいのちの内での聖霊の起源について言えば、聖霊は父のみから発出する）。

三つの位格のそれぞれの特性を表すために、キュレーネのシネシウスはこう書いている。

ああ、
父よ、子の源よ
子よ、父のかたち《イメージ》よ
父よ、子がそこに立つ大地よ

子よ、父のしるしよ
父よ、子の力よ
子よ、父の美しさよ
全く純粋なる聖霊よ、父と子の間を繋ぐものよ
おおハリストスよ、聖霊を送り出し
わが魂に父を送れ。
この露で私の乾いた心を潤したまえ
汝が持つ最上の賜物、この露で。(6)

さて、なぜ神を母と娘としてでなく、父と子として語るのだろう。神性は自らの中に女性性も男性性も持たない。男と女といった人間の性別の特徴は、最も高貴に最も真実に、神的ないのちのある面を反映しているとはいえ、神には性別といったものはない。父として神を語る時には、文字通りにではなく象徴として語っているのだ。しかしなぜ女性ではなく男性に象徴させなければならないのか。神を「彼女」ではなく「彼」と呼ぶのか。実際には、クリスチャンが「母としての語」を神に当てはめている例が時にある。初期キリスト教のシリアの師父アフラハトは「父である神、母である聖霊(7)」への愛として、信者の愛について語っている。一方、中世西方ではノーウィッチの聖女ジュリアンは「神は、ご自分が私たちの父であることを喜ばれ、神はまた、ご

自分が私たちの母であることも喜ばれる」[8]とはっきり言っている。だがこれらは例外である。ほとんど聖書や教会の礼拝に使われる神の象徴はいつも男性的である。

　その理由は議論では証明できない。それでもなお神が彼のしるしを、ある特定の象徴に捺《お》したことは、キリスト教会の経験的事実であり続ける。その象徴は私たちが選択するのではなく、啓示され与えられる。象徴は確かめられ、生きられ、祈られるが、論理的に証明されることはあり得ない。しかしこれらの「与えられた」象徴は証明こそできないが、決して気まぐれに選ばれたものではない。神話、文学、美術に見られる象徴に似て、宗教的象徴は私たちの存在の隠された根と深く触れあっており、これを変更すれば、重大な結果を招いてしまう。たとえばもし、「天にいます我らの父よ」に換えて「天にいます我らの母よ」と呼び始めたら、それはキリスト教のさして重要ではない多くの比喩的表現の一つとして取り換えたのではなく、キリスト教を新しい別の宗教と置き換えてしまう。「母なる神」は教会の主ではない。

　なぜ神は三つの聖なる位格の交わりでなければならないのか、もっと少なくても、多くてもよかったのではないか。繰り返し言うが、論理的な証拠はない。聖書や使徒的伝承、そして何世紀にもわたる聖人たちの体験の中で、神の三者性は私たちに与えられ、示されてきた。私たちにできるのは、私たち自身の祈りの生活を通してこの与えられた事実を立証することだけである。

　子の「生まれ」と聖霊の「発出」の違いは正確には何なのか。「生まれの様態と発出の様態は理解し難い」とダマスクの聖イオアンネスは言う。「私たちはこう教えられてきた。『生まれ』と

『発出』の間には違いがあるが、この違いの本質が何であるのかは、私たちには全く理解不能である」[9]。ダマスクの聖イオアンネスでさえ『お手上げ』なら、まして私たちに何が言えよう。「生まれ」と「発出」という用語は、人間の理性的な頭脳による理解をはるかに超えた現実に対する、慣習的に用いられてきたしるしである。「人間の理性的な頭脳は弱く、人間の舌はさらに弱い」と聖大バシレイオスは述べている。「神の筆舌に尽くしがたい偉大さを人間の精神によって把握することよりも、小さなコップで世界中の海の水の量を測るほうがたやすい」[10]。しかし、十分には説明することはできないが、これらのしるしは、すでに述べたように、確かめることはできる。人は言葉でこの違いが何であるかを正確に定義できないが、祈りにおける神との出会いを通じて、聖霊は子と同じではないことを知る。

神の両手

救済史と私たち自身の祈りの生活への至聖三者の関わりに注目して、至聖三者の教義の説明を試みてみよう。

すでに見たように三つの位格は常に共に働き、ただ一つの意志とエネルギアを所有している。聖エイレナイオスは子と聖霊を父の「両手」と呼ぶ[11]。父のあらゆる創造的かつ聖化する業《わざ》はこれら二つの手を一緒に用いてなされる。聖書と礼拝はその例を繰り返し提供している。

1 創造

「もろもろの天は主のみことばによって造られ、天の万軍は主の口の息によって造られた」（詩篇33・6）。神・父は「言葉」すなわちロゴス（二番目の位格）と、「息」すなわち聖霊（第三の位格）を通して創造する。父の「両手」は共に働いて世界を形作る。ロゴスについては「すべてのものは、これによってできた」（ヨハネ1・3、信経によれば「万物、彼に創られ……」）と言われ、聖霊については、創造にあたり聖霊が淵のおもてを「覆い」あるいは「動いて」いたとある（創世記1・2）。つまり創られたものすべてに聖三者のしるしが刻印された。

2　藉身（受肉）

「受胎告知」に際し父は聖霊を福《さいわ》いなる童貞女マリヤに遣わした。その結果、彼女は永遠なる神の子を身籠った（ルカ1・35）。神が私たちの人間性を取ることは、聖三者の働きである。聖霊は父からくだり、童貞女の腹に子を宿らせた。さらに付言すべきは藉身は聖三者の働きであるばかりか、マリヤの自由意志の働きでもあることだ。「わたしは主のはしためです。お言葉どおりこの身になりますように」（ルカ1・38）という彼女の言葉が明らかにするように、神は彼女の自発的な同意を待っていた。マリヤが同意しなければ彼女は神の母にはならなかった。神の恩寵は人の自由意志を否定せず、再確認する。

3　ハリストスの洗礼

正教会の伝統では、ハリストスの洗礼の時、至聖三者が啓示された。天からの父の声は子を証して言う。「これはわたしの愛する子、わたしの心にかなう者である」。同時に鳩の形をした聖霊が父から降り、子の上に留まる（マタイ3・16―17）。正教会では神現祭（ユリウス暦一月六日。グレゴリウス暦上では今世紀は十九日）でハリストスの洗礼をこう歌う

主よ、爾がイオルダンに洗を受けし時
聖三者の敬拝は顕れたり
蓋《けだし》、父の声、爾を証して至愛の子と名付け
聖霊も鳩のかたちに顕れ、言《ことば》の確かなるを示せり(12)。

祭日経「神現祭」、発放讃詞（日本正教会訳）

4　ハリストスの変容

これも至聖三者の出来事である。そこではっきりと示されているのは、三つの位格の間にある、ハリストスの洗礼の時と同じ関係である。父が天から厳かに証言する。「これはわたしの愛する子、わたしの心にかなう者である。これに聞け」（マタイ17・5）。一方、洗礼の時と同様、聖霊が子の上に降る。今度は、輝く雲の形として（ルカ9・34）。変容祭（ユリウス暦で八月六日／グレゴリウス暦上では今世紀は十九日）の聖歌の一つが告げるように。

光なる生まれざる父より生まれたる変易《かわり》なき光言《ひかりことば》よ

我ら今日ファワオル（タボル）に現れたる汝の光の中に
父の光、また聖霊の光、凡その造物を照らして導く者を見たり(13)
祭日経「変容際」、差遣詞《エクサポスティラリ》（日本正教会訳）

5　聖体礼儀で聖霊に願う祈り

受胎告知、洗礼、変容と同様の三位の関わりが、聖体礼儀の頂点「エピクレシス」すなわち聖霊に願う祈りに顕れる。「聖イオアンネス・クリュソストモス（日本正教会では通常「金口イオアン」と訳す）の聖体礼儀」で司祷者は父にこう祈る。

我らまた爾に、この神智《しん》（霊智）なる無血の奉事を献じて、願ひ祈り切に求む、
爾の聖神《しん》（聖霊）を我ら及びこの奠《そな》へたる祭品に遣《つかは》し給へ、
この餅《へい》を将《も》って、爾のハリストスの尊血と成し
この爵《しゃく》中のものを将って、爾のハリストスの尊血と成し
爾の聖神《しん》（聖霊）を以てこれを変化せよ

受胎告知に際してと同様に、ユーカリストにおけるハリストスの「藉身」に際しても、父は聖霊を降して祭品（パンとワイン）に子を実在せしめ、成聖する。

至聖三者に祈ること

ユーカリストのエピクレシスに見られる至聖三者性の構図は同様に、教会のほとんどすべての祈りに認められる。正教信徒が朝晩に祈る祈りの冒頭部分には紛れもなく三位一体的な精神《スピリット》が横溢している。あまりにも身近で、頻繁に繰り返されるので、これらの祈りの聖三者の讃美としての性格が見過ごされがちなほどだ。祈りは「三一の神」に次の言葉を唱えながら十字のしるしを書くことで開始される。

「父と子と聖神《しん》（聖霊）の名によりて」。

正教信徒はこうして新たな一日の始まりに、その一日を至聖三者の庇護の下に置く。次に「我らの神よ、光栄は爾に帰す、光栄は爾に帰す」と続け、この新たな一日が祝いと、喜びと、感謝と共に開始される。これに続いて「天の王、慰むる者……」と聖霊へ祈り、そして三度次の祈りが繰り返される。

「聖なる神、聖なる勇毅（力）、聖なる常生（不死）の者よ、我らを憐れめよ」。

三度繰り返される「聖なる」は預言者イザヤの視像《ビジョン》でセラフィムによって、また「ヨハネの黙示録」で四つの黙示的動物（黙示録４・８）によって歌われていた「聖なるかな、聖なるかな、聖なるかな」を想起させる。この三度繰り返される「聖なる」には、永在三者への嘆願がこめられている。正教会の「日々の祈り」では、これに続いて、あらゆる奉神礼的祈りで最も頻繁に現れる句《フレーズ》、「光栄は父と子と聖神に帰す」が唱えられる。ここで何よりも大切なのは、この句に親しみ馴染んでしまい、その大切さを忘れてはならないことだ。この「グロリア（小頌栄）」に続いて三つの位格へのもう一つの祈りが続く。

「至聖三者や、我らを憐れめよ、主や我らの罪を潔くせよ、主宰や我らの過ちを赦せ、聖なる者よ、臨みて我らの病を癒やしたまへ、悉《ことごと》く爾の名による」

正教の日々の祈りの冒頭はこのように続いてゆく。それぞれの段階で暗示的、明示的を問わず三者性の構図があり、神を至聖三者として宣言する。正教とは常に至聖三者を思い、至聖三者を語り、至聖三者に息づく。

また正教会で最も愛されている祈り、働いているときにも静かにしているときにも用いられる「イイススの祈り」という射祷にも、至聖三者的次元がある。その最も一般的なものは以下である。

「主、イイスス・ハリストス、神の子や、我罪人を憐れみたまへ」。

これは外面的には、至聖三者の第二の位格、主イイスス・ハリストスに向けての祈りである。しかし他の二つの位格も、名で呼ばれはしないが、そこに伏在している。なぜならイイススを「神の子」と呼ぶとき、その父も同時に名指しされているからだ。聖霊もまた、この祈りには含まれている。「聖霊によらなければ誰もイイススは主であると言うことができない」（Ⅰコリント12・3）からだ。「イイススの祈り」は「ハリストス中心」的であるばかりではなく「至聖三者的」である。

至聖三者を生きる

「祈りは行為である」（ティト・コリアンダー[14]）。「純粋な祈りとは何か。それは、言葉は簡潔だが、行為としては実り豊かな祈りである。もしあなたの行為があなたの祈りを上回らないなら、あなたの祈りはたんなる言葉に過ぎない。そして働きをもたらす種子は言葉の内にはない」（『砂漠の師父たちの言葉』[15]）。

もし祈りが行為に姿を変えるべきなら、私たちの祈りすべてに満たされている至聖三者への信仰が私たちの日々の暮らしに顕れていなければならない。聖体礼儀で「信経」を唱えるすぐ前に、こう唱えないだろうか。「我ら互に相愛《あい》すべし、同心にして承け認めんがためなり。父と子と聖神《しん》（聖霊）、一体にして分かれざる三者を」と。「……ためなり」という言葉を心に留めて欲しい。至聖三者の神への真正なる信仰告白は至聖三者の似姿に倣って、互いに愛を示し合う者たちによってのみなされ得る。私たちの互いへの愛と至聖三者への信仰には分かちがたい結びつきがある。第一（互いの愛）は第二（至聖三者への信仰）の前提条件であり、そして反対に、第二は第一に力と意味を与える。

至聖三者の教義を「専門家」だけが関心を持つ、難解な神学的考察の一テーマとして片隅に押しやってはならない。それとは全く異なり、日々の生活に革命的とさえ言える実りをもたらさねばならない。至聖三者の神の像に従って造られた人間存在は、天にあって至聖三者が生きる愛の交わりの神秘を、この地上で再現すべく招かれているのである。中世ロシア、ラドネジの聖セルギイは彼が新たに創設した修道院を至聖三者に献じた。それは他でもなく、彼の弟子たちが、神の三つの位格の間を行き来する通り道としての愛と同じ愛を、日々互いに示し合うことを願っていたからだ。それは決して修道者たちだけではなく、すべての人々の使命である。社会の単位のそれぞれ、……家庭も、学校も、仕事場も、教区教会も、一つの普遍教会もみな、至聖三者のイコンとして創られていなければならない。なぜなら私たちは、神は「一の内なる三」であり、私たち一人ひとりは他者の内に、また他者のために自身を献げて生きることに身を投じていることを知っているからだ。一人ひとりは不可避的に実践的奉仕の生活、思いやりを行動として現す生活に関わっている。至聖三者への信仰は、全く個人的なものから、極めて組織化されたものまで様々なレベルでの実践的取り組みの責務の下に一人ひとりを置く。その取り組みはあらゆるかたちでの抑圧、不正、搾取に対するものだ。社会正義と人間の権利を求めての取り組みで、私たちははっきりと、「至聖三者の名において」行動するのである。

「キリスト者が従うべき最も完全な規範、その正確な定義、その頂点はこれである。すなわち、すべての人々の利益のために役立つものを探し求めることだ」、聖イオアンネス・クリュソストモスは言う……「隣人の救いのために骨折りをしない者であっても救われる、とは信じられない」。これが至聖三者の教義の実践的な意味合い、「至聖三者を生きる」ということの意味である。

我らは三つの神ならずして、唯一の神の性を讃栄し
三つの位、すなはち生まれざる父、父より生まれし子、及び父より出づる聖神《しん》（聖霊）を
尊む。
この三位は実に唯一なる神なり
真の信仰と光栄は、三位の神に帰す。(16)

「三歌斎経」大斎第2主日早課第八歌頌」（日本正教会訳）より

人々よ、来たりて、三位の神性、父及びその中《うち》に居る子と聖神《しん》（聖霊）とに伏拝せん、
蓋《けだし》、父は世世《よよ》の前《さき》に同永在、同宝座の子を産み
子と共に讃栄せらるる聖神《しん》（聖霊）も父の中に居りき
惟一《ひとつ》の力、惟一の性、惟一の神なり。
我ら皆彼に伏拝して曰ふ、

聖なる神、子を以て聖神《しん》（聖霊）の共働によりて万有を創りし者、
聖なる勇毅、我らに父を識らしめ、聖神《しん》（聖霊）を世に来たらしめし者、
聖なる常生の者、憮恤《ぶじゅつ》の神《しん》（霊）、父より出で、子の中に息《いこ》ふ者なり
聖なる三者よ、光栄は爾に帰す。(17)

「五旬経略」、「五旬節のスボタ」の大晩課（日本正教会訳）より

我、三位の中に惟一の神を歌ふ。
蓋、父は光、子は光、聖神《しん》（聖霊）は光なれども、
神性の一なるに由りて、
光は分かるるなくして、位の三光線にて輝く。(18)

「三歌斎経」、十字架叩拜主日早課第七歌頌（日本正教会訳）より

愛は、主が弟子たちに奥密に約束した王国である。主は彼らが主の王国で飲食するだろうと言った。「わたしの国で食卓について飲み食いさせる」（ルカ22・30）。もし愛でないなら、彼らは何を飲み食いすると言うのだろう。

愛に到達したとき、神に到達し、旅は完結した。この世の向こう側に横たわる島に渡って行ったのだ。そこには父と子と聖霊がおられ、光栄と権柄が帰せられる。神が私たちをご自

身を畏れ愛するにふさわしい者とされますように。アミン[19]

シリアの聖イサーク

どんなに困難であっても、試みよう。「互いに愛せよ」――最後まで、例外なく。これより偉大な言葉は他にない。この言葉によって全てが正しいとされ、いのちは照らされる。さもなければいのちは忌まわしい重荷となってしまう。[20]

パリのマザー・マリア

清めれば清めるほど、心はいっそう大きなものとなる。[21]

クロンシュタットの聖イオアン

私を信じなさい。栄光の玉座の房飾りから、最も取るに足らない生き物の小さな影に至るまで、一つの真理が君臨する。その一つの真理とは愛である。愛は、そこから神の国から絶え間なく溢れ落ちてくる恩寵の流れの源であり、地上を潤し、実り豊かにする。「一つの深みがもう一つの深みに呼びかける」（詩篇42・7）。深淵また深い穴のように、その無限性の内で愛は、神の畏れ多い視像《ビジョン》を私たちが描くのを手助けする。すべてのものを形作り一致の内に有つのは愛である。いのちと温熱を与え、ひらめきを与え導くのは愛である。愛は創造物に押された刻印であり、創造主の署名でもある。愛は、神の手仕事の真の意味である。どのようにハリストスを来たらしめ、心に住んでいただけるだろうか。愛を通して以外に他にあるだろうか。[22]

デオニシウスのテオクリトス神父

共に生きる人々の身体は、自分自身の身体より大事に扱われねばならない。クリスチャンの愛は、兄弟に霊的な賜物だけでなく、物質的な賜物も与えねばならないと教える。衣服の最後の一枚、パンの最後の一欠片《かけら》でさえ、兄弟に与えねばならない。個人的な施しと最も広い範囲での社会的な働きは、どちらも同じように正しいとされ、必要とされる。……他者への愛を通して神の道は続いていく。他に道はない。最後の審判では、どれだけ苦行したか、また祈りでどれだけ伏拝したかは問われない。飢えた者に食べさせ、裸の者に着せ、病の者、囚われた者をどれだけ訪ねたかが問われる。それだけである。[23]

パリのマザーマリア

嗚呼、実在の三者、同無限の惟一者よ
天使の軍は爾を歌ひ、爾に慄き、
天と地と地獄とは、爾の前に戦《ふる》ひ

人々は爾を崇めほめ、火は爾に務め
一切の造物は畏れを以て爾、聖三者に順《したが》ふ。(24)

祭日経「生神女《しょうしんじょ》誕生祭」早課（日本正教会訳）から

第三章　創造主としての神

砂漠の聖アントニオスのもとに当時の賢者の一人が来て尋ねた。「師父よ、このような地で、どうして生き続けられるのですか。書物からの慰めを何もかも取り上げられた状態なのに……」。聖アントニオスは答えた。

「哲学者君、私の本は神が創造した被造物のありのままの姿なのだ。私はそこに神のみわざを読み取ることができる。望みさえすれば……」。(1)

ポントスのエウァグリオス

あなたはあなた自身の中に小さなもう一つの世界があることを知りなさい。あなたの中に太陽があり、月があり、そしてまた星々もあるのだ。(2)

オリゲネス

天を見上げて

女優のリライア・マッカーシーは惨めな思いに耐えかねて、ジョージ・バーナード・ショーに会いに行った日のことを回想している。彼女は夫に捨てられたばかりだった。

私はふるえていた。ショーは静かに座っていた。暖炉の炎が暖かかった。……どのくらい座っていたか分からないが、やがて私はショーと一緒に、アディルフィ・テラスをあてどもなく歩いているのに気づいた。気分は少し軽くなりかけていた。涙がとめどなく流れた。そんな風に泣いたのは初めてだった。ショーは私を泣くままにしてくれた。泣きながら私は、ありったけの優しさと慈愛が込められた声を聴いた。

「見上げなさい、いい子だ。天を見上げなさい。……これ以上のものが人生にはある。もっとたくさんのね」。

彼自身の神への信仰（あるいはその欠如）がどんなものであれ、ショーはここで霊的な道をゆくために必須の、あることを示している。ショーはリライアを言葉巧みに慰めたわけではない。「きっといつか苦しみに耐えられるようになる」などと当てにならない励ましを与えたのでもない。彼女の心の深みを洞察した彼は、降りかかった悲劇からしばらく彼女の目をそらさせ、世界を客観的に見せ、驚きと多様性あふれる世界、その「ありのまま」に目を向けさせた。彼の助言は私たち全てにもあてはまる。私たちが自分の、また他者の苦悩にどれほど苦しめられていようが、世界にはそれ以上のもの、もっと多くのものがあるのを忘れるべきではない。

クロンシュタットの聖イオアンは言う。「祈りとは感謝し続けることだ(3)」と。もし私が神の創造した世界に向き合って何も喜びを感じられなければ、もし世界を喜びのうちに神に献げ返すことを忘れているならば、神への道をほとんど前進していないも同然である。私はまだ真に人間であることを学び取ってはいない。なぜなら真の喜びに溢れた感謝は、現実逃避や感傷にはほど遠く、反対にもっと現実に根ざしたものである――しかし、その現実主義は神の内に立って、神の創造物として世界を見る者の現実主義である。

ダイヤモンドの橋

「爾は我らを無より有となし」と「聖イオアンネス・クリュソストモスの聖体礼儀」は讃える。神と、その創造物である世界との関係をどう理解すべきなのか。「無より *ex nihilo*」という言葉は何を意味するのか。そもそも神はなぜ創造したのか。

「無より」という言葉が意味するのはまず最初に、そして何よりも重要なこととして、神が全世界を自由意志によるみわざで創ったことを指す。神は誰からも創造を強制されなかった。神自身が創造を選んだ。何の意図も必然性もなく世界が創造されたわけではない。世界は

「自動的に《おのずと》」神から生じたり溢れ出たりしたのではなく、神の選択の結果である。

何者も神を強制しなかったなら、なぜ神は創造を選んだのか。この問いにあえて答えるなら、神の創造の動機はその愛にあると言おう。「神は無から世界を創った」と言うより、むしろ「神は神自身から、すなわち愛から創り出した」と言うべきである。思いを寄せるべきは、製作者である神でも、工芸家である神でもなく、愛する者である神である。創造は神の自由意志というより、むしろその自由な愛のわざである。至聖三者の教義がきわめて明確に示しているように、愛することとは分かち合いを意味する。神は唯一であるだけではない。その一は、三にあっての一である。愛にあって互いを分かち合う位格《ペルソナ》の交わりである。しかし神の愛の輪《サークル》は閉ざされたままではなかった。神の愛は文字通り「脱自的《エクスタティック》」な愛である——ご自身をご自身から脱出させ、ご自身とは別のものを創造させる愛である。ご自身の傍らにご自身のいのちと愛を分かち合う存在を在らしめるために。

神は誰にも命じられず世界を創造した。しかし、それは創造のみわざが、さして重要ではない偶発的な何かだということではない。神とは、そのなす一切であり、その創造のわざは神自身から切り離された何かではない。神の心とその愛の内には、いつも私たち一人ひとりがいる。永遠の先から、神はその神的精神の内に、私たち一人ひとりを「構想」もしくは「思考」として観ていた。またそれぞれについて特別な計画を永遠の先から持っていた。その間ずっと私たち一人ひとりは常に神のために存在してきた。「創造」が意味するのは、私たちは、神から存在を与えられた時から、神のためだけではなく、自分のためにも存在するようになることである。

神の自由意志と自由な愛の結果、世界は必然的でも自己充足的でもなく、自らを在らしめた神に依存しつつ、神に向けて成就可能なものとして開かれている。被造物として人は決して自分たちだけでは存在できない。神が私たちの存在の核心であり、さもなければ私たちは存在できない。どんな時も私たちの存在は神の愛の意志に依存している。存在はいつも神からの賜物――神の愛の自由な賜物である。この賜物は決して撤回されない。それでもなお、人は自分の存在を自力で所有できない。神は唯一、自らの存在の起因と源泉を自らの内に持つ。それに対しすべての被造物は自らの存在の起因と源泉を、自らの内にではなく神に持つ。自らを自らの源泉とするのは唯一、神のみである。すべての被造物は神をその存在の源泉とし、神に根ざし、自らの源泉と成就を神の内に見出す。神のみが名詞であり、被造物は形容詞である。

神が世界の創造者であるという言明は、たんに始原での神の最初のわざが引き金となって物事が動き始め、その後は被造物自身がそれぞれに備えられた機能によって動いてゆくことではない。神は、時計のゼンマイを巻いたら、後は針が動くままを傍観しているような、ただの宇宙的「時計職人」ではない。反対に神の創造は継続している。創造を正確に語るなら、過去形ではなく現在進行形を用いなければならない。「神は世界を創造した、私はその創造の内に創られた」ではなく、「神は創造し続けている、私たちはその内にいる、ここで今現在も、この瞬間にも、そして絶えることなく」と言わねばならない。創造のみわざは過去の出来事ではなく、今現在への関わりである。もし神が一瞬一瞬に創造の意志を働かせ続けていなかったならば、世界はすぐに無に帰していただろう。神が「そうあれ」と意志しなかったなら何ものも一瞬たりとも存在し得ない。モスクワの府主教フィラレートが言うように「被造物はみな、神の創造的な言葉の上に釣り合いを保っている。あたかもダイヤモンドの橋の上にあるかのように。被造物の上には神の無限の深さ、被造物の下にはそれら自身の無の深淵が広がっている」(4)。地獄にある悪魔や堕天使にとってさえ、これは真実である。彼らも神の意志のもとに存在している。

創造の教義の目的は、時系列の中のある一点にこの世界の起点を帰すことではなく、今現在も、またあらゆる瞬間にも、世界はその存在を神に依存していると告げることだ。創世記は「はじめに神は天と地を創造された」と始まる（創世記1・1）。しかし「はじまり」という言葉をたんに時間的な意味で捉えてはならない。それは神がすべてのものの絶えることのない起因であり、支えであることを意味している。

創造者・神はいつもそれぞれの被造物の中心にあり、その存在を支え続ける。科学的研究は特定の原因と結果の過程ないし連鎖を見分ける。より深い霊的な観点からは、……それは必ずしも科学に矛盾はしないが、科学を超えてゆく……、私たちは神の創造のエネルギアをあらゆる所に見出す。それは存在する一切を支え、すべてのものの最も内奥の本質を形成し続けている。しかし、神は世界のあらゆるところに在るということで、神を世界と同一視してはならない。クリスチャンは汎神論を認めず「万有内在神論」を支持する。神は全てのものの内にありながら、全てを超えて、全ての上に在る。神は最も偉大なものより、さらに偉大であり、同時に最も微小なものよりさらに小さい。聖グレゴリオス・パラマスによれば、「神はあらゆるところに存在し、どこにも存在しない。神は全てであり、何ものでもない」[5]。新クレルヴォー修道院のシトー会のある修道士は言う。「神は中心に在り、また、神は中心以外のものである。神は中心の中にあり、中心を貫き通し、そして中心を超えて、中心よりもより中心に近いものである」[6]と。

「神が造ったすべての物を見られたところ、それは、はなはだ良かった」（創世記１・31）。被造物は、全体として神によって手ずから創造された。したがって創られたものはその内なる本質においてて「はなはだ良き」ものである。正統的なキリスト教はどんな形であれ二元論を否定する。マニ教の過激な二元論は悪の存在を、愛の神に伍して永遠に存在する第二の勢力に帰す。それほど過激ではないが、グノーシス派のヴァレンティヌスは、物質的な秩序は人間の肉体を含めて、前宇宙的な堕落の結果、存在するようになったと考える。さらに、もっと手の込んだプラトン主義者の二元論は、質料を悪としてではなく非現実とみなす。

キリスト教はあらゆるかたちの二元論に反して、「はなはだ良きもの」――すなわち神自身――はあるが、「はなはだ悪しきもの」はなく、あり得ないと断言する。悪は神と共に永遠に存在することはない。「始め」にあったのは神のみである。すべて存在するものは神に創造された。天国でも地上でも、霊的なものも肉体的なものも。だから本来、すべてが「良きもの」である。

では悪についてはどう言うべきか。創造物はすべて本質的に良きものであるため、罪や悪は

「もの」ではない。存在者でも実体でもない。ノーウィッチの聖女ジュリアンは彼女の著作「啓示」で、「私は罪を見たことがない。なぜなら罪には実体の如きものはなく、存在への関与もなく、罪を原因とする苦痛によってしか見分けられないから(7)」と。また聖アウグスティヌスは言う「罪は無(8)」と。エヴァグリオスによれば「厳密な意味での悪は、実体ではなく善の不在である。それはちょうど、暗闇が光のない状態に過ぎないようなものである(9)」。ニュッサの聖グレゴリオスは「罪は本性的に自由意志から離れては存在しないし、それ自体で実体ではない(10)」ことを示した。「悪魔でさえ、本性的に悪ですらない(11)」と表信者(証聖者)聖マクシマスは言う。「しかし、悪魔は(天使としての)彼らが本性的に持つ力を誤って用いることで悪になる」。悪は常に何かに寄生する。本来善きものを捻じ曲げ、不正使用する。悪は物事自体にではなく、私たちの物事への姿勢のうちに宿る――それは、私たちの意志に宿ると言えよう。

しかし悪を「無」と言うことで、私たちは悪の手強さや活力をみくびっていないだろうか。C・S・ルイスは、「無」はとても強いと言う(12)。悪を善の歪曲と言って、つまるところ幻覚や非現実的なものにすぎないと結論づけても、それが私たちを強く支配していることは否定しようがない。被造世界には、自己意識と霊的知性を授けられた自由意志ほど強い力はない。だから自由意志の間違った使用はことごとく恐しい結果を招くのだ。

身体、魂《たましい》、霊としての人

神の創造物の中で人はどう位置づけられているのか。「あなたの霊と魂と身体とを完全に守って、わたしたちの主イイスス・ハリストスの来臨のときに、責められるところのない者にしてくださるように」（Iテサロニケ5・23）。聖使徒パウロはここで、人間を構成する三つの要素もしくは側面について述べている。これらの側面は区別されている一方で完全に依存し合っている。人は統合された一体性であり、バラバラな部分を束ねた総計ではない。

まず身体（body）がある。「土のちり」（創世記2・7）、すなわち人間本性の肉体的、物質的要素である。

次は魂《プシケー》（soul）である。魂は身体を生かし活気づける生命力であり、身体をたんなる物質の塊ではなく、成長し行動するもの、感覚し知覚するものにする。動物も魂を持つ。たぶん植物も持っているだろう。だが人間の場合、魂には意識が与えられている。抽象的な思考力や、前提から結論へと推論を推し進めてゆく能力を持つ理性的な魂である。このような能力が仮に動物にあったとしても、ごく限られた程度においてである。

最後に霊《プネウマ》（spirit）、神からの「息吹」である（創世記2・7参照）。これは動物にはない。大切なことは大文字で始まるSpirit（聖霊）と、小文字で始まるspirit（霊）の区別である。人間が持つ創られた霊（spirit）と、神の創られざる聖霊、至聖三者の第三の位格を同一視してはならない。だが霊と聖霊は密接に関わる。人は霊を通して神を感応し、神と霊的な交わりに入っていく。

人は魂《プシケー》を用いて科学的あるいは哲学的な探求に携わる。推論を使って感覚で得られる情報を分析する。一方、「霊的知性《ヌース》」と呼ばれることもある霊《プネウマ》によって、人は神についての永遠の真実や、ロゴスないし被造物の内的本質について、演繹的な方法ではない直接的理解や霊的知覚――シリアの聖イサークが「単純な認知」と呼ぶある種の直観力で理解する。霊あるいは霊的知性は、人の推理力や美への感動とは異なり、より優れている。

人はその合理的な魂と霊的知性《ヌース》ゆえに、自己決定の能力と道徳的自由を持つ。つまり善悪を知り、その一方を選択する能力を持つ。動物は本能で行動するが、人には自由で意識的な決断の能力がある。

教父たちは三者ではなく二者の図式で、人をたんに身体と魂との合一として説明することもある。この場合でも彼らは霊や知性を魂の最も高い側面として扱っている。身体と魂と霊の三者による図式は人間の真実をより正確に明らかにする。この図式は魂と霊の区別がしばしば混乱し、ほとんどの人々が自分が霊的知性を持っていることに気付かない現代にこそ意義深い。現代西側世界の文化や教育システムは理論的な「脳力」と、それほどではないが美的情操の訓練に重きを置いている。私たちのほとんどが脳と意志、感覚や感情だけでなく、霊も持つことが忘れ去られてしまっている。現代人の大部分が自分自身の最も真実で最も高い部分に触れる感覚をほとんど失っている。この内面的疎外の結果は、多くの人々の不安やアイデンティティの欠如、希望の喪失のうちに、はっきり見て取れる。

小宇宙《ミクロコスモス》と仲保者

身体・魂・霊の三つを一つに合わせ持つ「人」は、創造された秩序の中で独自の位置を占める。正教会の世界観によれば、神は被造物のために二つの領域を与えた。一つは、「ノエティック」な、すなわち「霊的（spiritual）」「知性的」な領域、もう一つは物質的ないし肉体的な領域である。最初の領域では、神は物質的な身体を持たない天使を創造した。二つめの領域には星雲、様々な鉱物で構成される星々や天体、さらに植物や動物などの生命を形成した。人だけが唯一、どちらの領域にも存在する。人は霊と霊的知性を通して、ノエティックな領域に参与し、天使たちの仲間となる。同時に身体と魂によって人は行動し、感じ、考え、また食べ飲む――食べ物をエネルギーに変え、物質世界に有機的に参与する。人は感覚的知覚によって物質的世界と関わる。

このように人の本性は天使の本性よりも複雑で、より豊かな可能性を与えられている。この観点から見れば人は天使より低いどころか、より高い存在である。タルムード（ユダヤ教の口伝律法と解説書）は断言してはばからない。「義人は、救いの天使より偉大だ」（Sanhedrin 93a）。人は神の創造の中心に立つ。霊的（ノエティック）な領域と物質的な領域の両面に関わることにより、人は被造物全体のイメージないしは鏡、*imago mundi*,「小さな宇宙《ミクロコスモス》」となる。すべての被造物は人の内にその出会いの場を持つ。キャサリーン・レインの詩の中で、人は自らについて語る。

私が愛するから
　太陽は生ける黄金の光を注ぐ。
　海に金や銀を注ぎ出す。
私が愛するから
　シダは緑に育ち、草地は緑に、こもれびは緑に。
私が愛するから
　一晩中、川が私の眠りに流れ込み続ける。
　万《よろず》の生けるものが私の腕の中で眠る。
　そして眠りが目覚め、流れは安らう[13]。

　小宇宙である人間は同時に仲保者である。ノエティックな領域と物質《マテリアル》的な領域の二つを和解させ調和させ、両者に一致をもたらし、創造された秩序の潜在的な能力をすべて明らかにすること、それが神から与えられた人の課題である。ユダヤ教の一派「ハシィデーム」の人々が表現しているように、人は「自らを通して、すべてのものを統一するまで、はしごを一段ずつ昇ってゆく」ことを神から呼びかけられている[14]。人は小宇宙として自らの内に全世界が要約されている唯一の存在である。人は仲保者として、自らを通して神にその世界を献げ返す唯一の存在である。

人間の本性は本質的かつ根本的にノエティックな領域と物質的《マテリアル》領域の一致だからこそ、人はこの仲保者たる役割を果たせる。もしギリシャやインドの哲学者たちの多くが思い描いたように、人は一時的に身体に宿る魂に過ぎないなら、――もし身体が人の真の自己の一部分でなく、最後には衣服のように脱ぎ捨てられるにすぎないものなら、あるいはそこから逃れ出る方法を探さねばならない牢獄ならば――人は仲保者としてふさわしく行動できない。人はまず第一に彼自身の身体を霊的なものへ変えること、そしてそれを神に献げることとで、被造物を霊的なものへと変える。聖使徒パウロはこう言う。

「あなたがたは知らないのか。自分のからだは、神から受けて自分の内に宿っている聖霊の宮であって、……自分のからだをもって、神の栄光をあらわしなさい。……あなたがたは、もはや自分自身のものではないのである。……それだから、自分のからだをもって、神の栄光を表しなさい」と。「……兄弟たちよ、そういうわけで、神のあわれみによってあなたがたに勧める。あなたがたのからだを、神に喜ばれる、生きた、聖なる供え物としてささげなさい」（Ⅰコリント6・19―20、ローマ12・1）。

しかし身体が霊的なものへと変えられても、人は非物質的とはならない。むしろ逆に物質性においいて、物質性を通して、霊的なものを開示することが、人の使命なのである。

すなわち、身体は人間の人格を構成する一部分である。死における身体と魂の分離は「不自然」であり、神のそもそもの計画に反する。この「不自然」は堕落の結果として生じた。ただこの身体と魂の分離は一時的なものにすぎない。私たちは死を超えて、最後の審判の日の復活と、身体と霊の再結合を待ち望む。

像《かたち》と肖《にすがた》

「神の光栄とは人間である」とタルムード（Derech Eretz Zutta 10,5）は断言する。聖エイレナイオスも同様に「神の光栄とは人が生きていること」(15)と言う。人の人格《ペルソナ》は神の創造の中心であり、神の創造に冠せられた栄冠である。宇宙での人間の独自の位置は何よりも、人が「神の像と肖に」（創世記1・26）創られたという事実に示される。人間とは神の無限の自己表現の、有限の表現である。

ギリシャ教父は時に、人に与えられた神の像《イメージ》、すなわち「イコン」を霊、魂、身体の三一性として捉えられた人間本性の全体像に結びつけて考える。またある時には、彼らはその像《イメージ》を特に、人の最も高尚な側面や、人に神を知らせ、人を神との合一に至らしめる霊や霊的知性と結びつける。人に与えられた神の像は根本的に、人を動物から区別するあらゆる特性を指し示す。神の像は完全かつ真の意味で人を人格にする――人格とは善悪を判断する道徳の執行者であり、内的自由が授けられた霊的主体である。

「選択の自由」は「神の像」としての人を理解する上で、とりわけ重要である。神が自由であるように人も自由である。自由であることで人はそれぞれ独自の仕方で自《みずか》らの内に神の像を実現する。人間は交替可能な企業の会計係でも、機械の交換部品でもない。各人は自由であって他にかけがえがない。そして各人は他にかけがえがないがゆえに限りなく貴重である。人間の人格は量的に計測できない。一人の特定の個人を他の特定の個人よりも価値がある、あるいは十人の人格の価値の総計は必然的に一人の人格の価値より大きいに違いないと見なす権利など、人にはない。そんな値積もりは真正な人格への侮辱である。各人は取り替え不能であり、それゆえに彼または彼女自身の目的として取り扱われなければならず、決して何か別の目的のための手段とされてはならない。それぞれの人格は「対象」ではなく「主体」と見なされねばならない。もし自分を取り巻く人たちが、うんざりするくらい退屈でありきたりにしか思えないなら、それは、他の人々も自分自身も真の人格性のレベルで見通せていないからだ。「ありきたり」と切って捨てられる人間など実はいない。一人ひとりが唯一無二である。

　全てではないがギリシャ教父の多くが、神の「像」と神の「肖」の間に区別を設けた。この二つの用語を区別する場合、像は神の内に生きるいのちへの潜在能力を意味する、そして肖はその潜在能力の実現を指す。像は人が生まれながら持っているものであり、人が霊的な「道」に歩み出して行くのを可能にする。一方、肖は人がその旅の終わりに獲得を目指す目標である。オリゲネスの言葉を借りれば「人は、最初に創られた時、栄光なる像を受け取った、しかし神の肖の溢れんばかりの完璧さは、すべてが成就する時にのみ与えられる[16]」だろう。全ての人々が神の像に創られた。どんなに堕落しても彼らの内なる神の像はたんに輝きを失っている、また覆われているに過ぎず、完全には失われていない。しかし肖は来るべき時に、神の王国にいる祝福された人々によってのみ完全に実現される。

聖エイレナイオスによれば、創造されたばかりの人は「幼子のよう」であって、完全になるために「成長」する必要があった。(17) 言い換えれば、最初は無垢であり、霊的に発達する可能性(「像」)を持つが、その過程は必然的でも自動的でもない。人は神の恩寵との「共働《シネルギア》」へ呼びかけられており、自由意志を正しく使うことで、徐々に神の完全な似姿(「肖」)になって行くべきであった。これは「神の像」としての人間観が、どのような意味で「静的」というより、むしろ「動的」に解釈され得るのかを示している。これを、人は最初から十分に実現された完全性や、可能な限り高尚な神聖さと知恵を与えられていると理解する必要はない。たんに神との完全な交わりへと成長してゆく機会が与えられているということだ。もちろん像と肖の区別はそれ自体で、いかなるものであれ「進化論」の容認を意味しないが、そのような理論と両立しないということではない。

神の像と肖は、人の存在の指向性と関係性を意味している。フィリピ・シェラードが気づいているように「人間への最もふさわしい理解は関係性、すなわち神との密接な関わりである。人間を肯定するときには、同時に神が肯定されている」。(18)「神の像」としての人の創造を信じるとは、人は神との交わりと一致のために創造されたと信じることである。もしこの交わりを拒絶するなら、人は正しく人ではあり得ない。神から離れて存在する「自然的人間」といったものは存在しない。神から切り離された人間は極めて不自然な状況を生きている。それゆえ、「神の像として創造された人間」という教理は、人間存在の最内奥の中心として神がいることを意味する。人間性の決定的な要素は神的なるものである。人が神的なるものの感覚を失ったなら、その時は同時に人間的なるものの感覚も失う。

これは西方世界でルネサンス以降、特に産業革命以降あらわになった事態によって、ひときわ明確になった。世俗化の進行には社会の非人間化が伴った。この最も明確な例証は、ソビエト連邦に現れたレーニン主義、スターリン主義という名の「共産主義」である。ここでは神の否定は人間の人格的自由への過酷な抑圧と手を携えて進行した。これは少しも驚くべきことではない。人間の自由と尊厳の教えのための唯一の安全な基盤は、一人ひとりの人間は神の像を担っているという信仰である。

人は「神の像」に創造されただけではない。より正確に言えば「至聖三者の神の像」に創造された。前章の「至聖三者を生きる」ですでに述べたこと全てが、この「神の像」の教理によって、いっそう強固なものとして裏付けられる。人に与えられた「神の像」は「至聖三者の像」である。その結果、人は神のように彼の真の本性を互いのいのちを通して実現する。この像は神との関係だけではなく他の人々との関係も示しているからである。神の三つの位格《ペルソナ》が互いの内にあって、互いのために生きるように、至聖三者の像に創造された人間も、この世界を他の人々の立場から見、他の人々の喜びと悲しみを自分のものとすることで、真の人格《ペルソナ》となる。それぞれの人間存在はかけがえのない独自のものである。しかしそれでもなお各人はその独自性の内にありながら、他の人々との交わりに差し向けられて創造された。

「信仰を持つ私たちは全ての信者たちを、一つの人格と見なし、……みずからの生命を私たちの隣人のために投げ出す用意ができていなければならない」(新神学者シメオン[19])。

「救われるための道は、隣人たちを通して以外にはない。……心が清いなら、罪深い者あるいは病を負う者と出会ったとき、彼らを憐れみ彼らに優しく接してあげられるだろう」(聖マカリオスの説教[20])。

「長老はよく言っていた。人は皆それぞれに、それぞれの隣人が体験していることを、自分自身のことのように見なしなさい。どんなことでも隣人と一緒に苦難を受け、共に泣き、自分がまるであたかも隣人の体の中にいるかのように振る舞いなさい。もし何か困ったことが隣人に降りかかってきたら、それが自分自身に降りかかってきたかのように苦悩しなさい」(「砂漠の師父の言葉[21]」)。

これらの言葉はみな真実である。それは人が至聖三者の神の像に創造されたからに他ならない。

司祭と王

「神の像《かたち》」、「小宇宙《ミクロコスモス》」、「仲保者」として創られた人間は被造物の司祭と王でもある。人は動物たちが無意識かつ本能的にしか行えない二つのことを、意識的かつ熟慮の内に行う。人は世界を神に感謝し賛美する、これが第一である。人に最もふさわしい定義は「論理的《ロジカル》動物」ではなく「感謝する《ユーカリスティック》動物」である。人はたんに世界の中で生き、世界について考察し、世界を利用するのではなく、世界を神の贈り物――神の存在の機密《サクラメント》と神との交わりの手段――として受けとめる。だから人は感謝のうちに世界を神に献げ返す。「爾《なんじ》の賜物を、爾の諸僕より衆《しゅう》のため一切のために爾に献りて」（聖イオアンネス・クリュソストモスの聖体礼儀 日本正教会訳）と。

　第二に、世界を神に感謝し、讃美するだけでなく、人はさらに世界に手を加え造りかえることで、この世界に新たな意味合いを付与する。デミトリイ・スタニロアエ神父によれば「人はこの世界に人の理解と知的な働きの証印《しるし》を押す。……世界はたんに神からの贈り物ではなく、人に課せられた仕事である」[22]。神と共に働くことは人の使命である。聖パウロの言葉によれば、人は「神の同労者」（Ⅰコリント3・9）である。人は「論理的」かつ「感謝する」動物であるだけではなく、創造的な動物でもある。人が神の像《かたち》に創造された事実が意味するのは、人は造物主としての神の像を受けた「創造する者」であることだ。この創造者としての役割は、野蛮な腕力ではなく、霊的洞察力の透明性によって成し遂げられる。人の使命は自然を支配し搾取することではなく、変容し神に献げるために聖化することである。

　地を耕すこと、職人たちの仕事、著作やイコン制作など様々な方法で人は物質的世界に声を与え、被造物たちに神への讃美を歌わせる。創造されたばかりの人《アダム》の最初の仕事は動物たちの名付けだった（創世記2・19―20）。これには深い意味がある。名付けという仕事そのものが創造的なのだ。特定の対象や経験に名前を見つけ、その事象の真の性格を指し示す「必然的な言葉」を見い出すまで、人はそれらを理解することも用いることもできない。同様に重要なことは、人がユーカリストで地の初穂を神に献げ返す時には、その実りの最初の形のままではなく手を加えて祭品《ささげもの》とすることだ。人が祭壇に献げるのは小麦の束ではなく一塊のパンであり、ぶどうではなくワインである。

そのように人は神に感謝し、神にその創造物を献げ返す能力によって創造物の司祭である。また、その構想し形作る能力、事象を結びつけまた展開する能力によって創造物の王である。この司祭性と王としての働きをキプロスの聖レオンティオスは次のように美しく描写している。

私は天と地と海、木と石、見ゆると見えざる全被造物によって、万有の創造者、主である神に尊崇を献げる。創造物はそれ自体によっては直接に造物主を讃えることはできない。私を通して、諸天は神の光栄を高らかに宣言する。私を通して、月は神を礼拝する。私を通して、水の流れと雨の注ぎ、そしてそのしずく一つひとつが、全被造物が、神を礼拝し神に光栄を帰す。(23)

同じ思想をハシディズムの師父、サダゴラのアブラハム・ヤコフもこう表現している。

すべての生き物、草木、獣たちが彼ら自身を人のもとへもたらし、献げる。しかし神のもとにそれら全てをもたらし献げるのは人である。人が神への献げ物としてその心身の全てをあげて、自らを清め成聖するとき、人は全被造物を清め成聖する(24)。

内なる王国

「心の清い者はさいわいである。彼らは神を見るであろう」（マタイ5・8）。

神の像《かたち》に創造された「人」は神を映す鏡である。人は自らを知ることで神を知る。自らの内に入ってゆくことで人は自らの清い心に映る神を見る。人は神の像として創造されたという教理が意味するのは、一人ひとりの人格の内に、彼また彼女の、しばしば「心の底」「魂の基底」などと呼ばれる最も真実のそして最も内奥の「自己」に、創造されざるお方との直接の出会いと合一の場があることだ。

「神の国は実にあなたたちのただ中にある」（ルカ17・21）。

「内なる王国」の探求は教父たちの著作に一貫する主要テーマの一つである。アレクサンドリアの聖クリメントは言う。「全ての課題の内で最も重要なのは、自分自身を知ることである。もしある人が自分を知るなら、彼は神を知るだろう。そしてもし彼が神を知るなら、彼は神に似る者となるだろう(25)」と。聖大バシレイオスは書いている、「知性がもはや、感覚によって外的な事柄にとらわれず、この世へとさまよい出て行かないならば、知性はそれ自身の内に回帰する。そして自らを手段として、知性は神についての思考へと上昇してゆく(26)」。シリアの聖イサアクは「自らを知るものは全てを知る」と言い、ある箇所では次のように述べている。

あなた自身の魂との平和の内にとどまりなさい。そうすればあなたは天地との平和の内にとどまるだろう。あなたの内なる宝物倉へ何としても入って行きなさい。そうすれば天のものを見るだろう。なぜならそれら二つへの入り口はたった一つなのだから。神の国へ通じる梯子はあなたの魂の内に隠されている。罪を避けなさい、あなた自身の内に飛び込みなさい。そうすればあなたは魂の中に、昇って行くための階段《はしご》を見つけるだろう(27)。

これらの章句に現代の西方教会の証人、トーマス・マートンの証しを付け加えてもよいだろう。

私たちの存在の中心に罪とも錯覚とも無縁の無の場がある。それは、真理の場、全く神に属する場、あるいは火花である。そこは私たちの思い通りにはならない。反対にそこから神が私たちを処遇する。私たちの想像も、力づくの意志もそこには近づけない。この小さな、無の、そして完全な貧しさの場は、私たちの内なる神の純粋な栄光である。それはいわば、私たちの貧しさとして、窮乏として、依存として、神の子であることとして私たちの内に書き込まれた神の名前である。それは目には見えない天の光によって輝く、混じりけのないダイヤモンドのようなものである。それは誰の内にもあり、もしそれを見ることができれば、何億もの光点が、太陽の表面と、その燃えさかる炎の中に一緒になってやってくるのが見えるだろう。それは生命の全ての暗闇と過酷さを完全に消し去るにちがいない。……天の門はあらゆる所にある。(28)

「罪から逃げなさい Flee from sin」と、聖イサアクは力説する。これら三つの語〝Flee from sin〟を心に刻み込まねばならない。もし自分の内に映される神の顔を見たいなら、鏡はきれいに磨かれていなければならない。悔い改めなしには、自分を知ることも、内なる王国を見つけ出すこともできない。「あなた自身へ立ち返れ、あなた自身を知れ」。そう言われたなら、「私が見つけ出すべきはどの『自身』なのか」を問わなければならない。何が私の真の「自身」なのか。精神分析は自分自身を一つの類型として私たちに暴く。しかし極めて頻繁に、その探求は私たちを神の国への梯子ではなく、蛇がとぐろを巻くじめじめした地下室へ降りる階段に導く。「あなた自身を知れ」が意味するのは「神に源を持ち、根を下ろすあなた自身を知れ、神の内にあなた自身を見つけなさい」ということだ。正教の霊的伝統の中では、人は偽りの堕落した「自身」を殺さないかぎり「神の像《かたち》」としての真の自身を見つけ出せない。「私のために自分の命を失う者は、それを見出す」（マタイ16・25）。偽りの自身をそのありのままの姿で見つめ、それを拒絶する者だけが、真の自身、神が見ている自身を見分けられる。聖バルサヌフィオスは偽りの自身と真の自身の違いを強調してこう命じる。「自分自身を忘れよ、そして自分自身を知れ(29)」。

悪、苦悩、そして人間の堕落

ドストエフスキーの最も偉大な小説「カラマーゾフの兄弟」で、イワンは彼の弟アリョーシャに挑む。

さあ、答えて見ろ。いいか、かりにおまえが、自分の手で人類の運命という建物を建てるとする。最終的に人々を幸せにし、ついには平和と平安を与えるのが目的だ。ところがそのためには、まだほんのちっぽけな子を何がなんでも、……苦しめなくてはならない。そして、その子の無償の涙のうえにこの建物の礎《いしずえ》を築くことになるとする。で、おまえはそうした条件のもとで、その建物の建築家になることに同意するのか、言ってみろ、……(30)（亀山郁夫訳）

アリョーシャは「いいえ、同意しません」と答えた。もし私たちが、それを行うことに同意しないならば、神はなぜそれを行っているように見えるのだろうか。

サマセット・モームは語っている。髄膜炎でゆっくり死んでいく小さな子供を見た後、彼はもはや「愛の神」を信じられなかったと。夫あるいは妻が、子供あるいは親が、全くの抑鬱状態に陥ってゆくのを目の当たりにした人たちもいる。あらゆる苦悩のなかで、たぶん慢性的な鬱状態に向かい合い続けることほど、人として恐ろしいことはないだろう。答えは何なのか。あらゆるものを創造し、その世界を見わたして「はなはだよし」とした「愛の神」への信仰と、この世における苦痛、罪、悪の存在に、どう折り合いを付ければよいのだろう。

安易な答えも明白な解決もないことは認めざるを得ない。苦痛と悪は無理数のように、私たちの前に立ちはだかっている。自分の、また他者の苦悩は、生きている限り否応なしに通ってゆかねばならない経験であり、私たちが言葉を弄して上手く言い抜けできるような理論的な問題ではない。敢えて言うなら、言葉では到達し得ない深みでの問題なのだ。しかし苦悩は「正当化」され得ないが利用され、受容されることはできる。この受容を通して変容され得る。ニコラス・ベルジャーエフは「苦悩と悪の逆説は、同情《あわれみ》と愛の経験のうちに解決される(31)」と言う。

しかし「悪の問題」への安易な解決策には飛び付いてはならないが、創世記第三章に語られている人の堕落の記事には、文字通りにであれ象徴的にであれ、注意深く読むべき二つの手がかりが見いだせる。

まず創世記の堕落の記事は蛇からの「話しかけ」で始まる（3・1）。「蛇」はすなわち「悪魔」、神から離れ「自己意志」の地獄に入ってしまった天使たちの首領である。二つの堕落が起きた。第一は天使たちの、そして第二は人間の。正教にとって、天使の堕落はまことしやかなおとぎ話ではなく霊的な真実である。人間の創造に先立ち、霊的領域では二つの道への分裂が起こっていた。天使たちのある者たちは神への従順を守りぬいた。他の者たちは神を拒絶した。この「天での戦い」（黙示録12・7）については、聖書には謎めいた言及があるにすぎない。何が起きたか詳しくは語られず、ましてこの霊的領域での「和解」の可能性についての神の計画、ないし仮にあったとして「最終的な悪魔の救い」がどんなものかは教えられない。たぶんヨブ記の冒頭の章が暗示するように、サタンは元来、おなじみの黒く塗りつぶされた存在ではない。私たちにとって、地上での経験の現段階ではサタンは敵である。しかしサタンは神との直接のつながりをも持っている。しかし「最終的な悪魔の救い」について私たちは全く何も知らないし、それを思案することは賢明ではない。思案すべきは自分自身の救いなのだから。

しかしそれでも、苦痛の問題に取り組む際に、どうしても無視できない三つのポイントは覚えていなければならない。第一はこの世界には、私たち人間がそれぞれ個人的に責任を負うべき悪とは別に、悪しきものを意志する、秘められた途方もない力を持つ者が存在することだ。それらは人間ではないが、それでも「人格的《ペルソナ》」存在である。このような悪魔的な力の存在は、仮説や伝説ではなく――悲しいかな、私たちの大多数にとって――直接的な経験の次元にある問題である。第二に堕落した霊的諸力の存在は、明らかに人間の創造以前の自然界に、混乱、荒廃、残虐性があった証拠が発見される理由を理解するのを助けてくれる。第三に、天使たちの反乱は、悪は「下」からではなく「上」から、すなわち物質からではなく霊からであることを明らかにしてくれる。すでに強調したように悪は「何ものでもない」。存在する「何か」でも実体でもなく、善なるものそれ自体に向かうべき意志の、誤った態度である。悪の源泉はこのように、道徳的選択力を授けられた霊的存在の自由意志の内にある。その自由選択の能力の誤った使用に由来する。「蛇」についてては、もうこれだけにしておこう。しかし（これが第二の手がかりの提供につながるかも知れないが）、この創世記の記事は、人は、天使たちの堕落によってすでに汚された世界の内に創造されたにもかかわらず、何者からも罪を犯すことを強いられなかったことを明らかにしている。エヴァは「蛇」に誘われた。しかし彼女は蛇のそそのかしを拒絶する自由を持っていた。彼女とアダムの「原罪」original sin は意識的な不従順、神の愛の意図的な拒絶、神に背を向け自分自身に拠った自由意志による選択にあった（創世記3・2、3、11）。

人が自由意志を持ちそれを行使するということに、追求すべき問題への完全な説明ではないにせよ、少なくとも答えへの端緒は見いだせる。天使たちと人が罪を犯すことと、悪とそれによってもたらされる苦難を、神はなぜ許容したのだろう。答えは、神は「愛の神」だからだ。愛は分かち合いを、そしてまた自由を意味する。愛による三位一体を像《かたち》とする神は、自身の像《かたち》として創造した者たちとそのいのちを分かち合うことを望む。創造された者たちは愛によって自由に、そして進んで神へ応答する。「自由のないところには愛はありえない」。強制は愛を排除してしまう。パーヴェル・エフドキモフがよく言うように、神は全能だが、人間にご自身を愛するよう強いることだけはできない。ゆえに神はその愛を与えようと望んで、自分に機械的に従うロボットではなく、自由意志をそなえた天使と人を創造した。神は「リスクを負った」。この自由という贈り物といっしょに、罪を犯す可能性も与えられた。しかしリスクを負わない者は愛さない。自由がなければ罪もなかった。しかし自由なしには人は神の像《かたち》たり得なかった。自由なしには、人は神との愛の交わりに入ってゆける者とはなり得なかった。

堕落の結果

人は、至聖三者と共に生きるものとして創造され、神の像から神の似姿へと愛の内を昇ってゆくことに招かれていた。しかし人は反対に「上」にではなく「下」に向かう道を選んでしまった。人はその真の本質である神への指向性を拒んだ。神とこの世界の「仲介者」また「統合の中心」として振る舞う代わりに、人は分裂をもたらした。自らの内の分裂、人と人の間の分裂、人と自然界との間の分裂である。神から自由という贈り物を委ねられたのに、人は権力機構の力を用いて共に生きる人びとから自由を奪った。世界を再形成して新しい意味をそこに賦与する能力を祝福されたのに、人はその能力を醜悪と破壊のための道具にしてしまった。この誤用の結果は、とりわけ産業革命以来の急速な環境汚染に顕著に露わになった。

人間の原罪、すなわち神中心の生き方から自分中心の生き方への転換が意味するのはまず何よりも、人はもはやこの世界と他の人びとを「ユーカリスト」的に、すなわち神との交わりのサクラメント（機密）と見なさなくなったということである。人は世界と自分たち人のいのちを、もはや感謝の内に神に献げ返す贈り物と見なさず、自らの所有物として、掴み取り搾取し貪るべきものとして扱い始めた。人はもはや他の人びとと諸物をそれ自体として、また神の内にあるものとして見ず、それらが自分にもたらす快楽と満足の観点からしか見ない。その結果、人は自らの欲望の邪悪な輪の内に取り込まれてしまった。それを享受すればするほど、いっそうそれを乾き求めて行くという悪循環である。世界はもう透き通っていない。くすみ、不透明となり、もはや神を透かし見る窓ではなくなった。世界はもういのちの場ではない。腐敗と、死の支配の場となってしまった。「あなたはちりだから、ちりに帰る」（創世記3・19）のだ。この言葉は、いのちの唯一の源泉である神から切り離されれば直ちに「現実」となる、堕ちた人間と全ての被造物の「真実」である。

人間の堕落の結果は肉体的、道徳的な両面に及ぶ。肉体的なレベルでは、人間は痛みや病気に苦しみ、加齢による衰弱や老化に服するものとなった。女性に与えられる新しいいのちの誕生の喜びは、産みの苦しみを伴うものとなった（創世記3・16）。こんなことはみな人への神の当初の計画には全くなかったものだ。堕落の結果、男も女もともに肉体の死によって、魂と身体の分離を余儀なくされるようになった。しかしそれでも、肉体的な死は罰としてではなく、神の愛によって与えられた解放の手段と見られるべきだ。慈悲深い神は人が堕落した世界に、人自身が作り出してしまった邪悪な輪に終わりなく生き続けることを望まなかった。神は逃れる道を備えてくれた。だから死はもはや生命の終わりではなく再生の始まりである。私たちは肉体的な死の向こうに、終末の日の全ての者の復活にあって魂と肉体とが再結合する未来を見ている。それゆえ死に際しての魂と体の分離で、神は陶器作りのように振る舞う。ろくろの上の器がゆがんで台無しになってしまえば、彼はその粘土の塊をばらばらにしてもう一度作り直す（エレミア18・1―6参照）。正教会の死者のための祈りは、それをこう強調する。

昔《むかし》我を無より造りて、爾が神たる像《かたち》にて飾り、戒めを犯すによりて復《また》我を我が出でし地に帰しし主よ、我を神の肖《すがた》に適《かな》ふ位《くらい》に升《のぼ》せ、古《いにしへ》の華麗《うるはしき》を以て我を改め給へ。(32)

三歌斎経「死者のスボタ」の早課から（日本正教会訳）

堕落の結果、人は道徳的レベルで欲求不満、倦怠、絶望に支配される者となった。喜びの源であり、神との交わりの手段であったはずの労働は、今やそのほとんどが「顔に汗して」（創世記3・19）いやいやながら行うべき宿命となった。それればかりではない。人は「内的な疎外」に苦しむものとなった。意志薄弱となり、自己分裂し、自分が自分の敵となり、自分の死刑執行人となった。聖使徒パウロによれば、「わたしの内に、すなわち、私の肉の内には、善なるものが宿っていないことを、わたしは知っている。なぜなら、善をしようとする意志は、自分にはあるが、それをする力がないからである。……わたしは、なんというみじめな人間なのだろう。だれが、この死のからだから、わたしを救ってくれるだろうか」（ローマ7・18、19、24）。パウロはここでたんに善悪の葛藤について語っているのではない。彼が言うのは、私たちは何度となく自分が道徳的に麻痺していることに気づかされるということだ。私たちは善いことをしようと心から望んでいても、その選択の結果はすべて悪であるような状況に捕われている。人はみな、聖使徒パウロが言いたいことを自分の体験として知っている。

しかしパウロは注意深くこう言う。「わたしの内に、すなわち、私の肉の内には、善なるものが宿っていないことを、わたしは知っている」。私たちの禁欲的な闘いは「肉」に対するものであって、「身体《からだ》」に対するものではない。「肉」は「身体《からだ》」と同じではない。「肉」という言葉は、たった今引用した節に使われているように、私たちの内にある罪深く、神に反するあらゆるものを表す。堕落によって身体だけではなく魂も肉欲的、欲情的になった。肉は厭うべきであるが、身体は厭うべきではない。神ご自身がお造りになった「聖霊の宮」である身体は厭ってはならない。禁欲的な自己否定は「肉」に対する戦いであるが、その戦いは身体に対するものではなく身体のためのものである。セルゲイ・ブルガコフ神父がしばしば「身体を獲得するために『肉』を殺せ」(33)と述べているように、禁欲は自分を縛りつけるのではなく、自由にする方法である。人は様々な自己矛盾が絡み合った「もつれ」であり、禁欲によってのみ、そのもつれから解かれるのである。

禁欲を「肉」への、あるいは自身の罪深い、堕落への闘いとして理解するなら、それは明らかに、修道士だけではなくクリスチャンすべてに求められている。修道の使命と、結婚の使命――否定の道と肯定の道――は、対応しあい互いに補完的なものと見なされねばならない。修道士もしくは修道女は二元論者ではなく、既婚のクリスチャンと変わることなく、物質的被造物と人間の身体の本質的な善性を鮮明にすることを追求する。既婚のクリスチャンもまた同様に禁欲を求められている。違いは、ただそこで禁欲的闘いが実行される外的な条件だけである。両者はいずれも「禁欲的」であり、本来のキリスト教的な意味で「物質的」であり、ともに罪を否定しこの世を肯定する。

正教会の伝統は、堕落の影響を決して過小評価しないが、カルヴァン派が「全的堕落」と主張するような徹底的に悲観的な状況に人が落ちてしまったとは信じない。人における神の像は、ぼんやりあいまいになっているが、消し去られたわけではない。自由な選択はその働きに限界が付されたが損なわれてはいない。堕落した世界にあってさえ人は、惜しみない自己犠牲や愛にあふれた同情の心を持っている。また堕落した世界でも、神についての一定の知識を持ち続け、恵みによって神との交わりに入っていける。旧約聖書にはアブラハムやサラ、ヨセフやモーセ、エリアやエレミアのような男女、多くの聖人が登場する。イスラエルの選ばれた人々の外にも、真実を教えるだけでなく、真実のうちに生きたソクラテスのような人物もいた。しかしそれでもなお、人の罪――それぞれの時代に積み重なってきた一人ひとりの罪が、アダムの原罪に混じり合って――人の努力では越えられない裂け目を神との間に開けてしてしまったのは否めない真実である。

一人では誰も堕落しない

正教の伝統は、アダムの原罪の影響は人類全体に及び、その結果は身体と道徳性の両面に及んだと教える。もたらされたのは、病と肉体的な死ばかりではなく道徳性の面での弱さとその麻痺である。しかしこれは「罪責の受け継ぎ」までも意味するのだろうか。この点については正教は用心深い。原罪は法律的、また「生物学的」な用語で解釈されるべきではない。そのような解釈では、原罪は肉体に染みついた罪の汚点として、性の交わりを通じて伝染してゆくかのように説かれる。この通常アウグスティヌス主義に帰せられる考え方は、正教には受け入れがたい。原罪の教理はむしろ、「人は悪は犯しやすく善は行いにくい、他者を傷つけやすく、与えた傷は癒やしがたい、他者への猜疑心は呼びやすく信頼されるのは難しい、そのような環境の中に生まれてくること」を意味する。人はその一人ひとりが人類の一体性によって、そこに積み重ねられてきた悪しき行いと悪しき考え、そして悪しき存在の集積に条件づけられている。そしてこの悪の集積に、私たちがさらに自分のなす罪によって、自らの悪を付け加えてゆくのだ。裂け目はいっそう大きなものになってゆく。

「原罪」の教理が「公正さを欠いて」いるとしか見えないなら、その疑問に答える鍵はまさにこの「人類の一体性」である。

承服できるだろうか。アダムの堕罪の結果をなぜすべての人間が被らなければならないのだ！

一人の人間の罪への罰をなぜ全人類が受けなければならないのだ！答えは「三位一体の神の像《かたち》に創造されたために人は相互依存し、互いを互いの内に分かち合っているから」である。人は誰も孤立した島ではない。私たちは「お互いに体の部分」（エフェソ4・25）である。他の人々が犯した罪に、たとえ厳密な意味では罪責は負っていなくとも、私たちはなんらかの形で、それに関わりを持っている。

アレクセイ・ホミャコーフはこう言った。「人は罪に一人で堕ちる。しかし、誰も一人では救われない」[34]。しかし、こう言うべきではなかっただろうか。「人は一人では罪に堕ちない」。ドストエフスキーの「カラマーゾフの兄弟」のゾシマ長老は、よりいっそう真実に近づいた。彼は言う「私たちは互いに誰に対しても、何に対しても責任がある」と。

救いはただ一つ、――世の人のすべての罪の責任を自分から引き受けることである。友よ、ほんとうにそうあるべきなのだ。なぜなら、すべての罪、すべての人々に対し、本気で責任を取ったときに、事実はすべてその通り、すべての人、すべてのものに対して、自分にこそ罪があることに気づかされるからだ[35]。（亀山郁夫訳）

受難する神

人の罪は神の心に悲しみを呼び起こすだろうか。私たちが苦しんでいるとき、神も苦しんでいるだろうか。苦しみのまっただ中にある男や女に、「神は今まさに、あなたが苦しんでいることをご自身のこととして苦しみ、その苦しみをあなたとともに乗り越えつつある」と確信を持って励ますことができるだろうか。

ギリシャ、ラテンを問わず古代の聖なる教父たちは神の「超越性」を死守せんとして「神の不受苦性」を主張した。厳密に解釈すれば「人となった神」は苦しむことができ、実際に苦しむ一方で、神ご自身は苦しまないということだ。教父たちの教えを否定しないように、これ以上私たちは踏み込むべきではないのだろうか。しかしハリストスの藉身のはるか以前、旧約聖書に神について次のように言明されている。「それで主の心はイスラエルの悩みを見るに忍びなくなった」（士師記10・16）。旧約聖書は、神にこんなことも言わせている。「エフライムはわたしの愛する子、わたしの喜ぶ子であろうか。わたしは彼について語るごとに、なお彼を忘れることができない。それゆえ、わたしの心は彼をしたっている」（エレミア31・20）。「エフライムよ、どうして、あなたを捨てることができようか。イスラエルよ、どうしてあなたを渡すことができようか」（ホセア11・8）。

これらの文章に仮に何か意味があるなら、まちがいなく、たとえ神の御子が人となる以前であっても、すでに神はその被造物の苦悩に直接、心を動かされている。私たちの惨めさは神を悲嘆に暮れさせる。神の涙は人の涙に混じり合う。もちろん、否定神学的なアプローチを尊重するなら、神に対して、おおまかで不適当な表現で人間的な感情を当てはめることには慎重たらざるを得ない。だが少なくとも、次のことは確認しておこう。「愛は他人の苦しみを自分のものとする」(36)（『心の貧しき者』の書」））。人間の愛についてこれが真実であるならば、神の愛ならばさらに真実に違いない。神は愛であり、愛のわざとして世界を創ったのだから、――神は位格的《ペルソナ》であり、位格的であるとは分かち合いを意味しているのだから――神はこの堕落した世界の悲しみに無関心ではおられない。もし私が人として他人の苦悶に心動かされないなら、彼をほんとうに愛しているとどんな意味で言えるのか。そうなのだ、神も疑いなく被造物の苦悶をご自身のものとする。

じっさいに、エルサレム城外に十字架が立てられる前から、神の心の中には十字架があったと言われ続けてきた。そして木の十字架が取り去られた後も、神の心にはまだ依然として十字架はあり続ける。それは苦痛と勝利の両方を合わせ意味する十字架である。これを信じることのできる者は、喜びが苦さの盃に混ぜ合わされていることに気づくだろう。勝ち誇る苦悩という神の体験を、人も互いに分かち合う。

ああ、あなたは、高きところを水で覆い
砂によって海を限り
すべてのものを堅く支える。
太陽はあなたへの讃美を歌い、
月はあなたの栄光をたたえる
被造物は皆、あなたにほめ歌を捧げる
創始者、創造主たるあなたよ、永遠に[37]

「三歌斎経」より

主よ、爾《なんじ》は至大なり、爾の行事は奇異なり、爾の奇蹟を讃榮するに堪《た》ふる言《ことば》なし。
蓋《けだし》、爾、望みを以て萬物を無より有と為しし者は、爾の権能を以て造物を保ち、
爾の摂理を以て世界を治む。

爾四行（四つの基本元素）を以て造物を合成せし者は、
四季を以て周年を全うせり。
霊智の萬軍は爾の前に慄き、
日は爾を歌ひ、
月は爾を讃め、
星は爾に伴ひ、
光は爾に従ひ、
淵は爾の前に戦《ふる》ひ、
泉は爾に勤む。

爾天を幔の如くに張り、
爾地を水の上に固め、
爾砂を以て海を限り、
爾呼吸の為に空気を漑《そそ》げり。
天使の軍は爾に奉事し、
天使首の隊は爾に伏拝し、
多目のヘルワィムと六翼のセラフィムとは環り立ち、周り飛びて、
爾の近づき難き光榮を畏れて、面《おもて》を蔽《おお》ふ。……

四行と、人々と、天使等と、見ゆると見えざる物に藉《よ》りて、
爾の至聖なる名が父及び聖神《しん》（聖霊）と偕《とも》に讃栄せられん為なり、
今も何時も世々に、「アミン」。[38]

「神現祭」大聖水式祝文より（日本正教会訳）

ご自身の像と似姿を宿す存在を創造しようとしたときに必然的に引き受けた神のリスクは、全能性の頂点といえよう。いやむしろ、進んで引き受けられた無力性によって、その頂点をさらに凌駕するものである。なぜなら「神の弱さは人よりも強い」（Iコリント1・25）からだ。[39]

ウラディミル・ロースキィ

世界は神から与えられたぶどう園である。「すべては私たちのためのものだ、私たちがそれらのためにあるのではない」とイオアンネス・クリュソストモスは言う。すべては私たち人への神の贈り物であり、神の愛の印である。神の愛、神の善良さ、神の恩寵の活きた力の証しであり、すべてが私たちにそれを証言している。その結果、ちょうど人が贈り合うどんな贈り物も、互いの愛の印、愛の媒体であるように、あらゆるもの一つ一つが神の聖なる愛の贈り物の媒体となる。また贈り物はそれに見合った返礼の贈り物を求める、それは相互の

愛の関係を打ち立てるためだ。しかし人に可能な神への贈り物は、神から人の必要のために人にすでに与えられているもの以外にはあり得ない。だから人からの贈り物は、犠牲であり、人は神へ感謝の内にそれを献げる。神への贈り物は犠牲であり、最も広い意味での「感謝《ユーカリスト》」である。

それでもなお、この世界を贈り物ないし犠牲として神に捧げるにあたって、私たちはそれに、自らの働きや理解、犠牲に込めた思い、そして私たち自身の神へ向かって進んでゆく姿というしるしをつける。私たちがこの神の贈り物の価値と奥妙さをより理解し、その潜在的可能性を引き出し、そこから私たちに与えられた能力をいっそう大きなものに育ててゆけば行くほど、私たちはより深く神をたたえ、神に喜びを与える。神と人との愛の対話を通じて、私たちは神との活きた協力関係を打ち立てる[40]。

デミトリイ・スタニロアエ神父

神の世界としての巨大な聖堂の中で、各人は学者であれ肉体労働者であれ、いずれの者もその生活のすべての局面で司祭として働くよう呼びかけられている――人に与えられたすべてを受け取り、それを栄光の捧げ物、そして讃め歌に変えるために[41]。

パーヴェル・エフドキモフ

もし「純粋」で、表面的なものは全く不要となった「祈りの人」が数人いたならば、彼らが存在しているということだけで、彼らのまさに存在そのものによって世界は変わる。[42]

オリヴィエ・クレマン

あなたは世界の中の世界である。あなた自身の内面を見てごらん、そうすれば、そこにすべての創造物があることに気づくだろう。外面を見ず、内面にあるものに目を向けなさい。魂の中にある知性的な宝物庫の中にあなたの全精神を集めなさい、そして主のために、様々なイメージから自由な神殿を備えなさい。[43]

アンキラの聖ニルス

ロシア人は関与することによってのみ、人を知り得ると考える。ここ地上では善と悪は互いに切り離せないほどに一つに結ばれている。私たちにとってそれは、この世で生きることに関わる大きな謎である。最も深刻に悪が存在しているところには、最も偉大な善も存在する。これは仮説などではない。自明のことだ。悪は避けられるのではなく、まず関与し、その関与によって理解され、更に理解によって変容されなければならない。[44]

ユリア・ドゥ・ボウソブル

聖人たちは自らのためだけでなく、隣人に代わって痛悔を捧げねばならない。愛の働きがなければ、完全なものになれないからだ。全世界は一つに集められている。私たちも互いが互いに摂理的に助けられている。[45]

修士聖マルコ

神は私たちが激しい心の痛みにうめくことを強いて求めることはなく、また望まない。むしろ神への愛から喜びがあふれて、笑いあうことを望まれる。罪を取り除きなさい、そうすればもう涙はいらなくなる。傷が無いところには、塗り薬は無用である。堕落の前には、アダムは涙を流さなかったのと同様に、死からの復活の後には、罪は滅ぼされたのだからもう涙は必要ないはずだ。苦痛や悲しみ、悲嘆は、逃げ去ってしまっているだろう。[46]

階梯者聖イオアンネス

栄光とは、これまで以上に人間として成長することで、より神の似姿に近づくことである。[47]

デミトリイ・スタニロアエ神父

第四章　人としての神

神はハリストスにおいて世をご自分に和解させた。
　　　　　　　　　　　　コリント人への第二の手紙5・19

イイススを渇き求めなさい、彼はあなたをその愛で満たしてくれよう。(1)
　　　　　　　　　　　　シリアの聖イサアク

師父イサアクはこう言っていた。「あるとき、師父ポイメンのそばに座っていると、彼が脱魂状態にあるのに気づいた。彼とはいつも何でも率直に話ができたので彼の前にひれ伏して尋ねた。『あなたがどこにいるのか、お教え下さい』。彼は拒みきれず答えた。「私の思いは、生神女《テオトコス》マリアと共にあった。彼女は救い主の十字架のもとに立って泣いておられた。ゆるされるなら、この方と一緒に泣き続けていたかった(2)」。

　　　　　　　　　　　　砂漠の聖師父たちの言葉

私たちと共に「道」を行くお方

T・S・エリオットは詩集「荒れ地」の終わり近くでこう書いている。

いつも君のそばを歩いている、あの三人目はだれ？
数えてみると、一緒にいるのは君と僕二人だけなのに
その白い道の先を見上げると
君の隣にはいつも、もう一人歩いている……。

この詩の背景には、シャックルトンの南極大陸探検談での奇蹟があると、詩人自身が明かしている。探検隊は何度も力尽きそうになったが、そのつど実際にはいるはずのないもう一人の隊員がいると感じたのだ。シャックルトンのはるか昔、バビロニアのネブカドネザル王が似た経験をしている。「われわれはあの三人を縛って、火の中に投げ入れたではないか。しかし、わたしの見るのに四人の者が縄目なしに、火の中を歩いているが、なんの害も受けていない。その第四の者の様子は神の子のようだ」（ダニエル３・24―25）。

「救い主イイスス」とはこのようなお方である。大氷原のまっただ中であれ、溶鉱炉の炎熱の中であれ、窮地に陥った人々の隣をいつも歩いているお方である。比較を絶する全くの孤独や試練のただ中で、彼は私たち一人ひとりに「あなたは一人ではない。私がいるじゃないか」と語り

かけてくださる。

前章は、人間の疎外と流浪に言及して、結ばれた。原罪と個人的罪が、人には自力ではどうしても渡れない深い裂け目を、神との間に開けてしまった。自身の創造者から自らを切り離してしまったことで、仲間であるはずの人々からも離れてゆき、互いは霊的に断片化されてしまった。この堕ちた人類は、自分自身を癒やす力を失った。どこを探したら治療法が見つかるのか、前章ではそう問いかけた。また位格《ペルソナ》的な愛の神として至聖三者は、人間の苦難に無関心であり続けられず、それにどう関わったのかを見てきた。神の関わりは、どれほど遠くまで及んだのだろうか。

あり得る限りの最も遠くまで……、そう答えよう。人が神のもとまで戻れなくなったので、神が人のもとに来て、最も直接的なかたちで人と一体となった。永遠のロゴス、神の子、聖三者の二番目の位格は真の人となり、私たちの一人となった。そして、人の全てを余すところなくご自身におとりになることで、私たちの人間性を癒やし、回復した。信経はこう告白する。「我信ず……一《ひとつ》の主イイスス・ハリストス……真の神よりの真の神……父と一体にして、万物、彼に造られ、我等人々の為、又我等の救いの為に天より降り、聖神《しん》（聖霊）及び童貞女マリヤより身を取り人と為り……」。彼は氷原のただ中でも燃えさかる炎の中でも、私たちの同行者である。童貞女より人としての「身を取った」イイスス・ハリストス、神・聖三者の一つの位格でありながら私たちと同じ人であり、私たちの神でありながら私たちの兄弟でもあるお方である。

主イイスス、我らを憐れめよ

すでに第二章で「イイススの祈り」（「主イイスス・ハリストス神の子よ、我罪人を憐れみたまへ」）の至聖三者論的な意味を探ってみた。ここではこの祈りがイイスス・ハリストスの藉身（受肉）と彼による、また彼の内での人の癒しについて何を語っているのか考えてみよう。

イイススの祈りには両極をなす二つの柱がある。「主……神の子」。この祈りはまず最初に神の栄光を述べる、イイススを被造物全ての主として、そして永遠の子として讃え、神の栄光を讃頌する。そして最後には、私たちの罪深さ、――元祖の堕罪によって罪深く、自身の悪しき行為によっても罪深い――に向きを転じ、「我罪人を」と結ぶ。（ギリシャ語の原文によれば、より以上に強調され、「私こそがその罪人……」とあたかも「自分がその唯一の罪人」であるかのように表現される）。

まさにこの祈りは讃美から始まり懺悔で終わる。誰が、そして何がこの神の栄光と人の罪深さという両極を和解させるのだろうか。この祈りにはその答えを教える三つの言葉がある。第一は「イイスス」、童貞女マリアから人として生まれたハリストスに与えられた名前である。イイススとは「救う者」という意味である。天使がハリストスの養父ヨセフに言った。「その名をイイススと名付けなさい。彼は、おのれの民をその諸々の罪から救う者となるからである」（マタイ1・21）。

二番目の言葉は「ハリストス」という称号である。「膏《あぶら》つけられた者」を意味するメシアというヘブル語のギリシャ語での同意語である。「膏つけられた」とは、すなわち「聖霊によって」ということ。旧約時代のユダヤ民族にとって、メシアは聖霊の力を受けてユダヤ民族を諸敵の軛から自由にする来たるべき解放者、未来の王を意味した。

三番目は「憐れみ」である。それも「働く愛」である。私たちを赦し、解き放ち、健康にするために働く愛としての憐れみである。憐れむとは他の人の、自分の努力ではぬぐい去れない罪責を免除すること、支払えない債務から自由にしてやること、助け無しにはどんな癒しも見いだせない病から健やかに回復させてやることである。さらに「憐れみ」は、これら全てが自由な贈り物として与えられることを意味する。憐れみを求める者は相手に何も訴えない、彼が主張できる権利など何もない。

「イイススの祈り」は人が抱える問題と、それに対する神の解決の両方を示している。イイススは救い主であり、膏《あぶら》つけられた王であり、憐れみあるお方である。さらにこの祈りはイイススというお方について別のある重要なことも教える。イイススへの「主」、「神の子」という名指しは、イイススの神性、超越性、永遠性を表明している。同時にこの祈りは「イイスス」という名をも呼ぶ。すなわちベツレヘムで人として生まれた後、母マリヤと義父ヨセフが名付けた一人の人間の名前である。彼は人なのだ。彼の人としての生まれの真正なる現実性がここに表明されている。

このように「イイススの祈り」はイイスス・ハリストスがまことに神であり、同様にまことに人であることへの信仰の確認でもある。イイススは「シアントゥロポス」、すなわち「God-Man神・人」である。実に神であり同時に人であるがゆえに私たちを罪から救う。人は神のもとへ行けなかった、だから神が、ご自身が人となることで、人のもとへ来た。彼の開かれた、ないしは脱自的な愛の内で、神は「自分が創造したものになる」という、他にどんな緊密な結合もあり得ないかたちで、ご自身をご自身の被造物と結びつけた。神は人として、人がその堕罪によって拒絶した神と被造物との仲立ちという仕事を成し遂げた。救主イイススは彼が神と人の両方であることで、神と人との間の深い裂け目に橋を架ける。降誕祭前夜の正教の聖歌が歌うように、「今日、ハリストスは生まれ、天と地は結ばれた。今日神は地に降り、人は天に昇った」(3)。

藉身は人をご自身との交わりに回復するという、人を解放する至高のみわざである。その尊さは言い尽くせない。しかしもし人の堕罪がなかったとしたら何が起きていただろう。たとえもし仮に人が罪を犯さなかったとしたら、神は人となることを選んだだろうか。藉身はたんに罪に堕ちた人の苦境に対する神の応答であろうか。それとも「神の永遠の目的の一部」と見なされるべきものだろうか。堕罪の向こうに、人の真の定めの、神による成就としての藉身を見てはいけないのだろうか。

今現在はこの「仮定の問い」に対して、いかなる最終的な答えも出せない。堕罪という現実のもとに生きる私たちには、仮にもし人が罪を犯さなかったら神と人間との関係がどんなものとなっていたかを、はっきり思い描くことは不可能である。それゆえキリスト教著作家たちはほとんどの場合、藉身についての彼らの議論を、人間の堕罪という文脈の内に止《とど》めている。しかし少数ではあるが敢えてより広い眺望でこの問題を捉えようとした者たちがいる。東方ではシリアの聖イサアクと表信者聖マクシマス、西方ではドゥンス・スコトゥスである。聖イサアクは、藉身を、人類に起き得た、ことによると最も祝福された喜ばしい出来事であると言う。さらに、この喜ばしい出来事の原因として、起きなかったかもしれず、また決して起こってはならなかったはずの、しかし実際には起きてしまった何事かを想定するのは正しいだろうか、と。聖イサアクは疑いなく、神が私たちの人間性を取ったことは、人間の堕落からの回復のわざ、また人間の罪への応答として理解するだけではなく、もっと根本的には愛のわざ、神自身の本質の表れとして理解されるべきと言う。仮に堕罪は起きなかったとしても、神はご自身の限りのない、溢れ出る愛によって人となって自らの被造物との一致を選んだに違いないと。

このような観点からは、ハリストスの藉身がもたらしたのはたんに堕罪の逆転、すなわち楽園での人間の本来のあり方への立ち帰りにとどまらない。神が人となること、それは人類史が本質的に新しい舞台に上がったことを示し、たんなる過去への復帰ではない。藉身は人を新しい段階に引き上げたのである。最後の状態は、最初の状態より高い。イイスス・ハリストスだけが人間の可能性の完全な実現のすがたを開示している。イイススが生まれるまで、「人格性」の真の意味は隠されていた。聖大バシレイオスが言うようにハリストスの降誕は「人類全体の誕生日」(4)である。ハリストスは最初の完全な人間である。すなわち堕罪以前の無垢なアダムへの復帰の可能性の実現ではなく、あますところなく「実現された神の似姿（肖）」として「完全」であるということだ。藉身は、たんに原罪がもたらした結果の取り消しの手段ではなく、「神の像」から「神の似姿（肖）」へ向かう人間の道行きの途上での、不可欠な段階である。真の「神の像と似姿（肖）」とはハリストスご自身である。「神の像」による人間創造のまさに最初の瞬間から、ハリストスの藉身はある意味ですでに内包されていた。藉身の真の理由は、罪深い人の現実にではなく、「神の像」に、神との一致の可能性をもつ本来の人の本性にある。

二つでありながら一つ

藉身への正教の信仰は聖歌者ロマノスによる降誕祭聖歌のなかの反復句《リフレイン》に要約されている。「永久の神は、嬰児《みどりご》として生まれ給へり(5)」。この短い句は次の三点を明言している。

1　イイスス・ハリストスは余すところなく完全に神である。

2　イイスス・ハリストスは余すところなく完全に人である。

3　イイスス・ハリストスには二つの位格《ペルソナ》があるのではなく、その位格は一つである。

以上は全地公会で詳細に規定されている。七回の全地公会の最初の二回は至聖三者の教理に関して論争されたが、後の五回は藉身の教理をめぐるものだった。

第三回全地公会（エフェソ、四三一年）は童貞女（処女）マリアは「テオトコス」、つまり「神を生んだ者」つまり「神の母」と宣言された。この称号は表面的には童貞女が何たるかを表しているが、実のところはハリストスについての言明である。「神が生まれた」。童貞女は、ロゴスの神的位格に結合された、人としての位格を生んだ母ではなく、一つの分割され得ない、神であり同時に人である位格の母である。

第四回全地公会（カルケドン、四五一年）はイイスス・ハリストスには二つの本性があると宣言した。神の本性と人の本性である。神の本性によればハリストスは神・父と「本性において一つ」（ホモウシオス）、人間の本性によれば人と同一本性《ホモウシオス》である。神の本性によれば、すなわち、彼は余すところなく完全に神である。彼は聖三者の第二の位格であり、唯一の「独り子」、「万世《よろずよ》の先に父より生まれ」（信経）た、永遠の神の永遠の息子である。また、その人間性によっては余すところなく完全に人であり、ベツレヘムで童貞女マリアより人の子として生まれ、人の肉体を持っているばかりでなく、人の魂と知性も備えている。そしてなお、藉身したハリストスは二つの本性を持っているにもかかわらず、一つの位格《ペルソナ》であり、単一で分けることはできない。同一の身体に共存する二つの位格ではない。

第五回全地公会（コンスタンティノープル、五三三年）は第三回で確認された内容を敷衍して、「至聖三者のお一方が肉体において苦しみを受けた」と教えた。そして「神が生まれた」と言明することが正当性を持つのと同じく、「神が死んだ」と主張することも許されるとも。もちろん、どちらの場合も、これは「人となった神」に関することであると限定しなければならない。神は超越者であり、生まれも死にもしない。しかし藉身したロゴス、「人となった神」に限っては、この二つを実際に体験した。

第六回全地公会（コンスタンティノープル、六八〇―八一年）は第四回公会で表明されたことを取り上げて、ハリストスには、神と人との二つの本性があるのと同じく、意志に関しても神の意志だけでなく人の意志もあることを言明した。なぜなら、もしハリストスが私たちと同じ「人の意志」を持たないなら、彼は私たちと同じ真の人間とは言えない。しかしそれでもなお、これら二つの意志は互いに矛盾も対立もしない。なぜならハリストスにあっては、その「人の意志」はどんな時にも、その「神の意志」に進んで従うからだ。

第七回全地公会（ニケア、七八七年）は、それまでの四つの公会議の結果を踏まえ、「ハリストスは真の人間になったのだから、彼を聖なるイコンに描くことは正当である。そしてハリストスは一つのペルソナであり二つではない。ハリストスのイコンはたんにその神性から切り離された彼の人間性を表すのにとどまらず、藉身した永遠のロゴスとしての一つの位格を示している」と宣言した。

このように至聖三者の教理と藉身の教理との間には、その定式的表現に一つの対照性がある。至聖三者の教理では、三つの位格《ペルソナ》における単一の本質あるいは本性が確認されている。そしてこの本性の一致によって、三つの位格はただ一つの意志あるいは働きを持つ。一方、藉身した神・ハリストスには、神の本性と人の本性の二つの本性があるが、人となった永久のロゴスとしてのただ一つの位格があるのみである。至聖三者の神の三つの位格がただ一つの意志と働きを持つ一方で、藉身したハリストスの一つの位格は、二つの本性それぞれに対応する二つの意志と働きを持つ。しかし藉身したハリストスには二つの本性、二つの意志があるにもかかわらず、そのことで彼の位格の一性が損なわれることはない。福音書が伝えるハリストスのわざと受難の全ては一つの同じ位格的主体、時と場所の内に人として生まれた永遠の神の子に帰せられる。

神と人としてのハリストスについての公会決議の根底には、私たち人の救いに関しての二つの基本的な原則が伏在している。第一は「神のみが人を救うことができる」ことである。預言者や義の教師は、世界を救う者とはなり得ない。必然的に、ハリストスが私たちの救い主であるためには、彼は余すところなく完全に神でなければならない。第二に、救いは人の窮状の核心にまで届かなければならない。ハリストスが余すところなく完全に私たちと同じ人であって初めて、人はハリストスが私たちのために成し遂げた救いに与り得る。

それゆえに、もしアリウス派のようにハリストスを人性と神性との間の曖昧な中間的段階に位置付けるなら、救いの教理は致命的に挫折してしまう。救いについてのキリスト教教理は私たちに極大主義者《マキシマリスト》であることを要求する。クリスチャンであるならハリストスを「どっちつかず」の存在と見なすことは許されない。イイスス・ハリストスは五十パーセント神で、五十パーセント人であるのではなく、百パーセント神であり、百パーセント人なのである。聖大レオは警句的にこう言っている。「彼自身であることに完全であり、私たちであることに完全である」(6)と。

彼自身であることに完全。イイスス・ハリストスは私たちに神とは何かを示す、神の領域への私たちの窓である。「神を見た者はまだ一人もいない。ただ父のふところにいる独り子なる神だけが、神をあらわしたのである」（ヨハネ1・18）。

私たちであることに完全。イイスス・ハリストスは第二のアダムとして、私たちが人であることの真のあり方を顕したのである。この神お一人だけが完全な人である。

神であるのは誰なのか。私であるのは誰なのか。この二つの問いにイイスス・ハリストスは答えている。

「分かち合い」としての救済

キリスト教の救済の使信は、「分かち合い」――共有と同一化――という語によって最も適切に要約できる。「分かち合い」の概念は「至聖三者」の教理と「人となった神」の教理にとって、ともに重要な鍵である。至聖三者の教理はこう断言する。人が他者との分かち合いの内でのみ真に「人格的《ペルソナ》」であるように、神も孤立した一つの位格《ペルソナ》ではなく、完全な愛の内に互いを分かち合う三つの位格である。藉身もまた同様に分かち合いまたは関与の教理である。ハリストスは私たち人のあり方を完全に分かち合っている。そして、それゆえにこそ、私たちはハリストスのあり方、その神的いのちと栄光を分かち合える。ハリストスは私たちのあり方を自身のあり方とした。それは私たちに彼のあり方を与えるためである。

聖使徒パウロはこれを「富」と「貧しさ」の隠喩を用いて教える。「あなたがたは、わたししたちの主イイスス・ハリストスの恵みを知っている。すなわち、主は富んでおられたのに、あなたがたのために貧しくなられた。それは、あなたがたが、彼の貧しさによって富む者になるためである」（Ⅱコリント8・9）。ハリストスの富は彼の永遠の栄光であり、その貧しさは私たち堕ちた人間の条件への完全な自己同一化である。正教会の降誕祭聖歌はこう歌う。「ハリストスよ、爾は……全く我らの如く貧しくなりて、この合一と体合とを以て塵に属する者を神成し給へり（7）」（早課カノン第五歌頌「神成」は「神化《テオシス》」）。ハリストスは私たちの死を分かち合った。そして私たちは彼のいのちを分かち合う。彼は「己をむなしく」して私たちを「高く引きあげ」た（フィリピ2・5―9）。神の降下は人の上昇を可能にした。表信者聖マクシマスは述べている。「無限の者は言い表しがたく、自らに限りを設け、いっぽう限りある者は限りなき者の持つ尺度にまで広げられる（8）」。

ハリストスは父にこう祈った。「わたしは、あなたからいただいた栄光を彼らにも与えました。それは、わたしたちが一つであるように、彼らも一つになるためであります」（ヨハネ17・22―23）。ハリストスは私たちを父の持つ神の栄光に与り得るものとする。彼は、結び目であり合流点である。すなわち彼は人であり、私たちと一つであり、そして同時に彼は神であり、父と一つである。彼を通してまた彼の内にあって、私たちは神と一つであり、父の栄光は私たちの栄光となる。神の藉身は人に神化への道を開いた。もっとはっきり言えば神化されることは「ハリストス化される」ことだ。私たちが獲得するよう呼びかけられている「神の似姿（肖）」は、ハリストスの似姿である。私たち人間が「神の内にある」「神化される」、また「神の性質にあずかる者となる」（Ⅱペテロ1・4）のはイイスス、「神・人」たる者を通してである。私たちの人間性を取ることにより、「本性によって」神の子であるハリストスは、私たちを「恵みによって」神の子とした。彼の内で私たちは父の「養子」となり、神の独り子ハリストスと共にある「子供たち」となった。

「分かち合いとしての救済」の考えは、藉身に関して特に二つのことを含意している。それは第一に、ハリストスは私たちと同じ人間の肉体ばかりではなく、人の霊（spirit）、精神（mind）、魂（soul）も取ったことを意味している。すでに見たように、罪の源は「下」ではなく「上」にある。罪は肉体に由来するのではなく霊に由来する。人にとってあがないが求められる第一の側面は、肉体ではなく意志と道徳的判断力である。もし、ハリストスが人の精神を持たなかったら、救いについての第二の原則、神の救いは人間の窮状の核心にまで届かねばならないという原則は、決定的に損壊されてしまう。

この原則の重要さは四世紀の後半、アポリナリオスが「ハリストスが藉身した時、ハリストスは人の肉体のみを取り、人の知性もしくは理性的な魂は取らなかった」という説（ただちに異端とされた）を主張した時に再び強調された。アポリナリオスに対し「神学者」聖グレゴリオスはこう反論した。「（ハリストスに）受け取られなかったものは癒やされない」(9)。すなわち、ハリストスは私たちと同じものになることで私たちを救う。私たちの損壊された人間性を彼自身の内に受け取り、彼自身のものとしてそれを引き受け、私たち人の体験を自身の体験とし、私たち人の一人となって「内側から」人の被っている一切を知ることで、私たちを癒やした。しかしもしハリストスの私たちとの分かち合いが、何かしら不完全であったなら、その救いも同様に不完全であろう。ハリストスは私たちに全面的な救いをもたらしたと信じるなら、彼はすべてを引き受けたということになる。

分かち合いとしての救済という考え方の第二の含意は、多くの者がそれを公然と言うことに躊躇《ため》ってきたが、ハリストスは堕落以前の人本来の本性だけでなく、堕ちた本性も引き受けたことだ。ヘブル書はこう主張している（新約聖書全体の中で、この部分に勝って重要なキリスト論的記述はない）、「この大祭司は、わたしたちの弱さを思いやることのできないようなかたではない。罪は犯されなかったが、すべてのことについて、わたしたちと同じように試錬に会われたのである」（ヘブル４・15）。ハリストスはその地上での生活を、堕落したこの世の条件のもとで生きた。彼自らは罪深いお方ではなかったが、その「堕ちた人」とのつながりの内で、アダムの罪の結果を余すところなく受け入れた。彼は疲れやすさ、肉体の苦痛、最後には死における肉体と魂の分離にいたるまで、アダムの罪が人にもたらした肉体的な結果を余すところなく受け入れた。彼はまた孤独、疎外、内的葛藤などの人の精神が罪によってこうむった結果も余すところなく受け入れた。この全てを生ける神に属するとするのは、大胆すぎると思われるかも知れないが、そうしなければ藉身の教理の一貫性は保たれない。もしハリストスが取ったのが堕落していない人間本性だけだったなら、すなわち楽園でのアダムと変わらない条件でこの地上の生活を生きたのなら、彼は私たちの弱さの感覚とも無関係であり、私たちの現実がそうであるように、あらゆる事で誘惑を受けることもなかっただろう。そうだったなら、彼はもはや「私たちの」救い主ではなかっただろう。

聖使徒パウロは「神はわたしたちの罪のために、罪を知らないかたを罪とされた」（Ⅱコリント5・21）とまで言う。これを法律的観点からだけ理解して、それによって、ハリストス自身は無罪だが、私たちの罪が不当にも形式的に彼を有罪としてしまったと言ってはならない。ここにはそれ以上の意味がある。ハリストスは罪深いこの世を私たちと同じ一人の人間として生きて、人の内面での苦しみの一切を自身の内側から経験することで、私たちを救ったのである。

なぜ処女懐胎なのか？

新約聖書は明確に、イイスス・ハリストスの母は処女だったと伝えている（マタイ1・18、23、25）。私たちの主は天には永遠の父を持つが、地上では持たない。主は時の外で母なくして父から生まれ、時の内では父なくして母から生まれた。しかしこの処女懐胎に対する信仰はハリストスの人間性の完全さをどんなかたちであれ損なわない。処女であった母は、間違いなく人間である嬰児を、全ての母親と同じように産んだ。

しかしなぜ、イイススの人としての生まれは、こんな特別なものだったのだろう。この問いにはこう答えよう。母の処女性はその子イイススの特別さのしるしとしての役割を果たしたと。これを密接に関わり合う三つの側面から説明してみよう。

第一は、ハリストスは地上的な父を持たない。それが意味するのは、彼は空間と時間における彼の位置を超えて、常にその天上的な永遠の起源を指し示していることである。マリアの子はまことに人である。しかし人であるだけではない。彼は歴史の内にいる、しかしまた歴史の上にいる。彼の処女からの生まれが強調するのは、ハリストスはこの世に内在しつつこの世を超越し、完全な人であるにもかかわらず完全な神であることだ。

第二に、ハリストスの母が処女だったことは、彼の誕生に際し、神は他に類のない方法でその主導権を行使したことを指し示す。ハリストスはまったき人であるにもかかわらず、彼の誕生は男と女の性的結合の結果ではなかった。それは特別なかたち、特別な方法による神の直接のわざだった。

第三に、ハリストスの処女からの生まれは、藉身によって新しい別の人格が生まれたのではないことを明らかにする。子供が両親から生まれた時には、通常では新しい人格が存在し始める。しかし藉身したハリストスの人格《ペルソナ》は聖三者の第二の位格に他ならない。ハリストスの誕生に際し、新しい人格が存在し始めたのではなく、先在していた「神の子」の位格が、神的な存在様式に加えて、人間的な存在様式によっても生き始めた。処女懐胎はハリストスの永遠の先在を反映する。藉身したハリストスの位格はロゴスの位格と同じものだから、童貞女（処女）マリアは正当にも「テオトコス」（神を生んだ者）という称号を与えられる。彼女は母であるが、「神の子」と結合した「人間の子」の母ではない。マリアの息子は神の独り子と同じ位格《ペルソナ》である。そしてその位格の藉身ゆえに、マリアは実に「神の母」となった。

正教は「福《さいわ》いなる童貞女」をハリストスの母として深く崇敬する一方、「無原罪の懐胎」に類したいかなる教理も不要とする。一八五四年にローマ・カトリック教会によって決定されたこの教理は、マリアは母アンナの胎に宿された最初の瞬間から原罪責のあらゆる汚れを免れていたと宣言する。ここで二つの重要な点を確認しておこう。第一は、すでに述べたように、正教は堕落をアウグスティヌス主義の言い回しである「受け継がれた罪責の汚点」とは考えない。もし仮に私たち正教徒が原罪責へのラテン教会の見方を受け入れていたら、無原罪懐胎の教理を主張する必要を感じたかも知れない。ところが実際は、正教のアプローチは異なり、このラテン教会の教理は「誤り」というよりむしろ「過剰」と見なされる。第二に正教にとって、童貞女マリアは洗礼者ヨハネとともに、旧約時代の聖性の極致また頂点である。彼女はいわば連結環《リンク》である。旧約時代の義なる男女の内、最後で最高の人物であり、同時に使徒たちの教会の秘められた中心人物だった（使徒1・14）。しかし無原罪の懐胎の教理は童貞女マリアを旧約の外に連れ出し、この連結環を飛び越して完全に新約の中に置いてしまう。ラテン教会の教理の上では、もはや彼女は他の旧約の聖人たちと同じ基盤には立たず、その連結環としての役割は損なわれてしまう。

ラテン教会の無原罪懐胎の教理を正教は受け入れないが、正教は奉神礼の中で神の母を「汚れなき achrantos」、「至聖なる panagia」、「全く玷《きず》なき panamomos」と呼ぶ。正教は彼女は死後、魂だけではなく肉体も共に天に上げられ、その息子と共に永遠の光栄の内に住まっていると信じる。彼女は「凡《およ》その造物の喜び」（聖大バシレイオス聖体礼儀）、「人類の精華、天への入り口」（「生神女ドグマティカ」一調）、「全世界の貴重な宝」（アレクサンドリアのキュリロス）である。シリアの聖エフレムとともにこう言おう。

　おおイイススよ、あなた御一人です、その母と共に日々永遠に変わることなく美しいのは。
主よ、あなたには汚点は何一つありません、あなたの母にはきずは何ひとつありません。(10)

これを見ても正教の神学と祈りがどれほど深い崇敬を生神女に捧げているかがわかるだろう。彼女は、人類の神への至高の献げものである。降誕祭の聖歌はこう歌う。

　ハリストスよ、爾が我らのために人として地に現れしによりて、我ら何を以て爾に奉らん、蓋《けだ》し爾が造りし物は、各々爾に感謝を奉る、天使は歌を、天は星を、博士は礼物を、牧者は奇蹟を、地は洞《ほら》を、野は芻槽《かひばぶね》を、我らに於いては母、童貞女を奉る。(11)

死に至るまでの従順

　ハリストスの藉身はそれ自体ですでに救いのわざであった。主は私たちの損なわれた人間性をご自身のものとしてお取りになり、回復した。降誕祭の聖歌では「堕ちた（神の）像をひきあげ」たと歌われる。しかしそれならなぜ、十字架が必要だったのだろう。この地上に、至聖三者のお一方が人として生き、考え、感じ、そして意志した、それだけで十分ではないか。その上さらに人として死ぬ必要はなかったのでは……。

　この世が人の罪によって堕落しなかったなら、ハリストスの藉身は神の溢れ出る愛の表現としてそれだけで十分なものだっただろう。しかし罪に堕落した現実のこの世では、その愛はもっとはるかな地点まで届かなければならなかった。罪と悪の現存という悲劇ゆえに、人を堕落から回復するためにはどんな大きな人間的償いも有効ではない。そこで一つの犠牲的な癒しのわざが求められた。「苦しみ、十字架にかけられる神」という犠牲である。

　藉身は同一化と分かち合いであることは、すでに述べた。神はご自身を私たちと同一化し、私たちの人間的経験をご自身のものとして内側から体験することで、私たちを救う。分かち合いは、十字架刑という最もむき出しの非妥協的な形でその究極的な段階にまで達した。藉身した神は人のすべての経験に入り込む。私たちの同伴者イイスス・ハリストスは、人の生命のあらゆる局面ばかりでなく、人の死に至るまで、余すところなく分かち合う。

「まことに彼はわれわれの病を負い、われわれの悲しみをになった」（イザヤ53・4）。……すべての病、すべての悲しみ、みな担われなかったなら癒されない。しかし私たちを癒すお方ハリストスはご自身の内にすべてを担った。死さえも。

「ハリストスは、神のかたちであられたが、神と等しくあることを固守すべき事とは思わず、かえって、おのれをむなしうして僕のかたちをとり、人間の姿になられた。その有様は人と異ならず、おのれを低くして、死に至るまで、しかも十字架の死に至るまで従順であられた」（フィリピ2・6―8）。

死には肉体的と霊的の二つの側面がある。その二つのうちで、より恐ろしいのは霊的な死である。肉体的な死とは人の体がその魂から離れることである。霊的な死とは、人の魂が神から離れることである。ハリストスが「死に至るまで従順」（フィリピ2・8）であったと言うとき、この言葉はたんに肉体的な死だけを指しているのではない。私たちの思いはハリストスの肉体的な受難、――むち打ち、よろけてしまうほど重く肩にのしかかる十字架、くぎ打ち、飢えと高熱、くぎ打たれた両手にかかる体重がもたらす激痛――にのみ、とどまっていてはならない。受難の真の意味は、その霊的な受難においてこそ見い出されねばならない。主の挫折と孤立と全くの孤独そして、人々に惜しみなく差し出したのに拒絶されてしまった愛の痛みである。

福音書は、当然にも主の内面的な苦しみについては多くは語らない。しかしいくつかの箇所では、それがほの見えてくる。

まず、ゲッセマネの園でのハリストスの苦悶である。主は恐怖に圧倒されうろたえ、苦悶のうちに父に祈った。「わが父よ、もしできることでしたらどうか、この杯をわたしから過ぎ去らせてください」（マタイ26・39）。主の汗は「血の滴りのように」（ルカ22・44）地に落ちた。キエフの府主教アントニイが主張するように、ゲッセマネは贖いの教え全体を解く鍵を与えてくれる。ハリストスはここで選択に直面した。死は強いられていなかった。主はご自身の自由から受難と死を選んだ。この自発的な自己献祭によって、十字架という専横な暴力、合法的な殺人が救贖の犠牲へと変えられる。しかしこの自由な選択による行為は、想像を絶する霊的な苦難を伴うものである。逮捕され十字架刑を受ける決意の内でイイススは、ウィリアム・ロウの言葉によると「魂の滅びの、苦悶に満ちた恐怖……永遠の死の現実性」を体験する。

「わたしは悲しみのあまり死ぬほどである」（マタイ26・38）というゲッセマネでの主の言葉をどれほど重視してもしすぎることはない。この瞬間、イイススは霊的な死の体験に突入する。この瞬間、主はご自身を人のすべての絶望と霊的な苦痛に同一化する。この同一化＝分かち合いは、主の私たちとの肉体的苦痛の分かち合いより、はるかに重要である。

第二は、主が十字架上で「わが神、わが神、どうしてわたしをお見捨てになったのですか」（マタイ27・46）と叫んだことである。この言葉もどれほど重視しても重視しすぎることはない。ここにハリストスの悲嘆は極まる。主は人からだけでなく神からも捨てられたと感じている。生きた神であるお方ご自身が、「神に見捨てられた」と感じることが、どうして可能なのか、それは説明できない。しかしこれは、少なくとも明白な事実である。ハリストスの受難にあって、お芝居はこれっぽっちもない。見せかけだけの演技は一つとしてない。十字架上で発せられた言葉の一つ一つは、それが語っている通りのことを意味している。そしてもし「わが神、わが神……」という叫びが、無意味なうわごとでないなら、それは、イイススはこの瞬間、神から疎外されるという真に霊的な死を体験したことの証拠である。主は私たちのために血を流してくださるばかりでなく、私たちのために神を見失うことさえ受け入れてくださる。

「彼は陰府《よみ》に下り」（使徒信経）。これはたんに、ハリストスが、聖大金曜日の夕刻から復活の朝の間に、陰府《よみ》に下って死者たちの霊に宣べ伝えたことだけを意味するのだろうか（Iペテロ3・19参照）。ここにも、もっと深い意味がある。陰府とは特定の場所や空間を指すのではなく、魂の中にもある。それは「神のいない場所」である（それでもなお、実は神はあらゆるところにいるのだが……）。もしハリストスがほんとうに陰府に降ったなら、それは神のいない深みにまで降りて行ったということである。余すところなく、無条件に、主はご自身をあらゆる人間の苦悶と疎外に同一化する。主はそれを、ご自身に担うことによって癒した。それらをご自身のものとする以外に、それを癒す方法は無かったのである。

これが、私たち一人一人に向けられた十字架のメッセージである。「死の陰の谷」（詩編23・4）を通ってどんなに遠くへ旅してゆかねばならなくとも、「私は決して独りではない」。私には同伴者がいる。この同伴者は私たちと同じ真の人間であるばかりでなく「真の神よりの真の神」（信経）である。ハリストスはご自身を十字架上でこの上なく低められる時にもなお、タボル山の山頂でその姿を光栄の内に変容した時（マタイ17・1―8）と同じく、永遠の生ける神である。十字架上のハリストスを見る時、私たちは苦しむ人間だけでなく苦しむ神をそこに見る。

勝利としての死

十字架上でのハリストスの死は、後にその復活によって挽回された挫折ではない。十字架上の死それ自体が勝利である。何の勝利か。答えはたった一つ、受難する愛の勝利である。「愛は死のように強く、……愛は大水も消すことができない」（雅歌8・6―7）。十字架は、死のように強い愛、死より強くさえある愛を、私たちに見せてくれる。聖使徒ヨハネはその福音書で次のように最後の晩餐と受難の記事を始める。イイススは「世にいる自分の者たちを愛して、彼らを最後まで愛し通された」（ヨハネ13・1）。「最後まで」、ギリシャ語では eis telos、「最後まで」また「極限まで」。そして、この telos は十字架上のハリストスの最後の叫びでもある。「すべてが終った……」（tetelestai ヨハネ19・30）。この叫びは絶望と諦念の叫びではなく、勝利の叫びとして理解されねばならない。完了した、成し遂げられた、すべてが満たされた……と。

何が成し遂げられたのか。受難する愛の勝利、愛の憎しみへの勝利に他ならない。ハリストス我らの神は、「自分の者たち」を極限まで愛し抜いた。愛ゆえに世界を創造し、愛ゆえに人としてこの世に生まれ、愛ゆえに私たちの損なわれた人間性をご自身のものとして担った。愛ゆえに私たちのあらゆる苦難を分かち合った。愛ゆえにご自身を犠牲としてささげ、ゲッセマネの園ですすんで苦難を受けることを決意した。「わたしは羊のために命を捨てるのである。……だれかが、わたしからそれを取り去るのではない。わたしが、自分からそれを捨てるのである」（ヨハネ10・15、18）。イイススを死に赴かせたのは自発的な愛であり、外部から強いられたものではなかった。ゲッセマネでの苦悶と十字架の時、闇の諸力はイイススを攻撃して荒れ狂う。しかしそれらはイイススの被造物への憐みを憎しみに変えることはできない。愛はそんな妨害をはねのけて愛そのものであり続ける。主の愛は最も困難な地点で試みられるが、打ち倒されない。「光は闇の中に輝いている。そして、闇はこれに勝たなかった」（ヨハネ1・5）。十字架上のハリストスの勝利へ、あるロシヤの司祭が強制収容所から釈放されたとき語った言葉を献げよう。「私たちの受けた苦難はあらゆるものを破壊し尽くしました。しかしゆるぎ無く残ったものが一つだけありました。それは愛でした」。

勝利として理解される「十字架」は、私たちの前に、愛の全能の逆説を差し出す。ドストエフスキイが、「カラマーゾフの兄弟」でゾシマ長老に語らせるいくつかの言葉は、ハリストスの勝利の真の意味をよくとらえている。

人を困惑させるいろんな思いの中でも、とりわけやっかいな問題は、人間の罪を見て、それに対して力をふるって戦うべきか、または謙虚な愛をもって戦うべきかという問題だ。しかしいつも「謙虚な愛によって闘おう」と決意しなさい。ひとたびそう決意したなら、あなたは世界を征服できるだろう。愛によるへりくだりは恐ろしい力を持っている。それは何ものよりも強い。そして、それにかわるものは他には決してない(12)。

「愛によるへりくだりは恐ろしい力を持っている」。反抗的な苦い思いを噛みしめながらではなく、愛によってすすんで何かをあきらめ何かを耐えるときはいつでも、私たちは弱くならずかえって強くなる。イイスス・ハリストスはその愛によるへりくだりを極限にまで押し進めた。「主の弱さは強さである」とアウグスティヌスは言う。神の力は世界の創造や数々の奇跡より、むしろ愛によって「おのれをむなしくせられ」(フィリピ2・7)受難と死に自由に同意し、自身を惜しみなく与えたことに表れる。この自己放棄は自己実現である。ケノーシス(自己無化)はプレローシス(自己充溢)である。神はその最も弱いとき以上に強いときはない。

愛と憎しみは、たんにそれらを体験するの人々の内面に影響を与える主観的な感情ではなく、私たち自身の外の世界を変える客観的な力でもある。私が誰かを愛しまた憎むなら、それによって、私はある程度、その愛や憎しみの対象である彼や彼女を、愛されるべきもの、憎まれるべきものへ実際に変えている。自分自身のためだけでなく、自分を取り巻く人々の人生のために、愛は創造的に働く。そして憎しみは破壊的に。この私の愛に関してその通りなら、ハリストスの愛の場合は、比較にならないほど強固な真実でもある。したがって主の十字架上での受難する愛の勝利が示すのは、主を倣おうという努力によって私自身にも達成される模範ではない。それ以上のものである。主の受難する愛は私の上に創造的に働く。私の心と意志を変容する。束縛から解放し、人としての健康な調和をもたらし、人への愛を回復させる。しかもその愛は、もし私がまず主に愛されなかったなら全く不可能だった愛のかたちへと成長してゆく。なぜなら、愛において主はご自身を人と同一化するから。主の勝利は人の勝利でもある。そしてハリストスの十字架上の死は、まさしく、「聖大バシレイオスの聖体礼儀」で祈られるように、「生命を創造する死」（「生命を施すの死」日本正教会訳）である。

ハリストスの受難と死には客観的な価値がある。主は、主なしには全く不可能であった何かを私たちのために成し遂げた。ハリストスは「私たちの代わり」に受難したと言うべきではなく、むしろ「私たちのために」受難したと言うべきだろう。神の子は「死に至るまで」受難した。それは、私たち人が受難を免除されるためでなく、人の受難が主の受難と同じものになるためだった。ハリストスは人に受難を回避する道でなく、受難を通って行く道を差し出した。主は受難を代行してくれるのではなく、人の真の救いのために受難を共にしてくれる。

これがハリストスの十字架の受難と死の意味である。「十字架」は「藉身」と、受難に先行する「変容」と、そして引き続いて起こる「復活」とともに一体として密接に働き合う、至高の完全な勝利・犠牲・模範として理解されねばならない。受難する愛の勝利であり、犠牲であり、模範である。私たちが十字架に見出すのは、「愛によるへりくだり」の憎しみと恐れへの完全な勝利、愛による完全な犠牲と自発的な自己奉献、愛の創造的な力の完全な模範である。ノーウィッチの聖女ジュリアンは次のように言う。

あなたは、この事であなたの主が伝えていることを学ぼうとしたことがありますか。よく聞きなさい。主の意味するものは愛です。誰があなたに愛を見せてくれたでしょうか。愛であるお方が。彼があなたに見せたのは何か。愛です。なぜ彼は愛を見せてくれたのでしょうか。愛のためです。あなたをその場に保ちなさい、そうすればあなたはもっと多くのことを同様に学び知るでしょう。しかしそこでは愛以外のことを知り、学ぶことは永遠にないでしょう。……そこで、私たちの善なる主イイスス・ハリストスは言いました。「あなたのために私が受難したことをあなたは喜んでくれただろうか」。私は答えました。「はい、善なる主よ、私はあなたに感謝します。はい、善なる主よ、あなたは祝讃されますよう」。するとイイスス、我らの慈愛あふれる主は言いました。「あなたが喜んでくれたなら私もうれしい。かつて私があなたたちのために受難したことは喜びであり、至福であり、限りない満足を私に与える。もし、もっと私が苦しんでもよかったなら、私はもっと苦しんだことだろう」(13)。

ハリストス復活

我らの神ハリストスは真の人間だったので、彼は十字架上で完全かつ真正な人間の死を死んだ。しかし彼は真の人間であるばかりでなく、真の神であったので、すなわち彼はいのちそのものであり、いのちの源であったので、この死は終局ではなかった。いや、あり得なかった。

十字架はそれ自体として勝利である。しかし聖大金曜にはこの勝利は隠されていた。ところが復活の朝その勝利が明らかになった。死者の内からハリストスは復活し、その復活によって私たちを不安と恐怖から解き放った。十字架の勝利は確証された。愛は憎しみより強いこと、いのちは死より強いことがはっきりと示された。神ご自身が死に、死から復活した。もはや死はない。神によって死すらも満たされた。ハリストスが復活したので、私たちはもはやこの世界に存在するいかなる闇も悪の力も恐れる必要はない。毎年私たちは、復活祭の深夜の祈祷で、イオアンネス・クリュソストモスに帰せられる次の言葉によってそれを宣言する。

何人も死を畏れるべからず
蓋《けだし》、救世主の死は我らを釈きたり……
ハリストス復活して悪魔は倒されたり
ハリストス復活して天使らは喜ぶ(14)

（復活祭早課「金口イオアンの説教」日本正教会訳より）

ここでも、正教はその意味を極限において理解する。私たちは聖使徒パウロの「もしハリストスがよみがえらなかったとしたら、わたしたちの宣教はむなしく、あなたがたの信仰もまたむなしい」（Ⅰコリント15・14）という言葉を繰り返し宣言する。復活がペテンであったなら、私たちはどうやってクリスチャンであり続けられるだろうか。ハリストスを人となった神としてでなく、たんに預言者、教師、義人として考えることが不適当であるのと同様、主の復活を、ハリストスの「霊《スピリット》」が残された弟子たちの間に何らかの形で宿ったことと説明してしまうのも不十分だ。「真の神よりの真の神」ではない者は、また死と復活によって死を征服しなかった者は、私たちの救いと希望ではあり得ない。私たち正教徒は、ハリストスの人としての体が再びその人としての魂に結合され、空っぽの墓が残されたという意味で、真正なる死者よりの復活があったと信じる。正教徒にとって、エキュメニカルな（教派を越え教会の再一致を模索する）対話に関わるとき、現代のキリスト教諸教派に当てはめるべき最も意味のある区分は、このような意味での真正な復活を信じるか否かである。

「あなたがたは、これらの事の証人である」（ルカ24・48）。

復活したハリストスは、その復活の大きな喜びをこの世の他の人々とも分かち合うために私たちをこの世に派遣する。アレクサンドル・シュメーマン神父は次のように述べている。

そのそもそもの最初からキリスト教は、喜び、しかもこの地上で存在し得る唯一の真の喜びの告知だった。……この喜びの告知なしに、キリスト教は理解できない。教会がこの世に対して勝利しているというのは、まさにこの喜びによる以外の何ものでもない。教会がこの喜びを失い、その喜びの証者たることをやめてしまったとき、教会はこの世を失ってしまう。キリスト教徒に対するあらゆる告発の中で、最も恐るべきものがニーチェによって発せられた。いわく、「キリスト教徒には喜びがない」。……福音書は「見よ、すべての民に与えられる大きな喜びを、あなたがたに伝える」と語り起こされ、「彼らは〔イイススを拝し、〕非常な喜びをもってエルサレムに帰った」と結ばれる（ルカ2・10、24・52）。この大きな喜びの意味を再発見しなければならない。(15)

ある長老がよく言っていた。「謙虚に、そして柔和な心でイイススの名をこの世に伝えてゆきなさい。イイススにあなたの弱さを見せなさい。そうすれば彼はあなたの力になってくれるだろう(16)」。

砂漠の聖師父たちの言葉

何とたやすいことだろう。一つ一つの呼吸ごとに、「我が主イイススよ、我を憐れみ給え。我が主イイスス・ハリストスよ、あなたに感謝します、お助け下さい」と言うのは(17)。

エジプトのマカリオス

ぽっかりと口を開いた真っ暗な墓穴に、すべての希望、計画、習慣、企てが飛び込んで消えてなくなってしまった。そして何よりも意味が。人生の意味が。……意味はその意味を失った。しかしもう一つの把握しがたい「意味」が、人の背中に翼を成長させていった。……

私は思うのだが、たった一度でもこの永遠の体験を持った者は誰でも、たった一度でもその行く道を理解した者は誰でも、たった一度でも彼の前を行くお方を見た者は誰でも……、この道以外の道を行くことはもはやあり得ないことを知る。彼にとっては、あらゆる慰めは儚く、あらゆる宝は無価値であり、もし一人の同伴者が彼の十字架を背負っているのを見失うなら、他のどんな同伴者も無意味である。(18)

パリの母《マザー》マリア（彼女が子の死後書いた言葉）

私たちにとって真理は思考の体系ではない。真理は創造されない。真理は「在る」のだ。ハリストスがその真理である。真理は「お方《ペルソナ》」である。真理は私たちの理解の内に閉じ込められてはいない。真理は私たちを超越している。私たちが真理を完全に理解することは決してない。

真理の探究は、ハリストスという「お方」の探求である。……

真理はハリストスという「お方」の神秘であり、それが「お方」である限り、その神秘は出来事と分かちがたく結ばれている。出会いという出来事と。神秘と出来事はひとつである。……

正教的精神にとって神秘はまさしく厳粛な現実である。それはハリストスであり、ハリストスとの出会いである。(19)

主イイススはあなたたちのために、あらゆるものとなった。だからあなたたちは主のために、あらゆるものにならなければならない。(20)

ノーマンビイの母《マザー》マリア

彼が自らに人間の全体を取らなかったならば、人間の全体が救われることはなかっただろう。(21)

クロンシュタットの聖イオアン

今日、驚くべき奇蹟が起きた。
自然は新たにされ、神は人となった。
しかし彼は、そうであった者にとどまり続けた。
そして彼は、そうではなかった者を自らにお取りになった。
しかも混同も分離もなく。
この偉大な神秘をどう言い表せばよいのだろう。

オリゲネス

肉体を持たない者が藉身する。
言葉は身体を着る。
見えざるものが見られ
誰の手も触れることのできない者が、触れられる。
そして始めなき者が、存在し始める。
神の子が人の子となった。
イイスス・ハリストス、昨日も今日も永遠に同じ者として。(22)

主よ、あなたのようなお方を他に私たちは知っているだろうか。
小さな者になった偉大な者、眠っていたが目覚めた者
洗礼を受けた潔き者、死に服した生けるお方
すべてのものに栄誉を帰するために自らを低くした王
崇めほめられるかな、あなたの栄誉は。

人間が、あなたの神性を認めるべきであるのは正しい
天上の者たちが、あなたのへりくだりを拝するのは正しい

降誕祭の晩課から

天上の者たちはあなたがどんなに小さな者となったか
そして地の者が高く上げられたかに目を瞠《みは》った。(23)

シリアの聖エフレム

ハリストスは完全な愛であるので、彼の地上のいのちは決して過ぎ去り得ない。彼は完全な永遠性に向かって存在し続ける。そこで彼は一人だった。人間全体の罪を一人で担った。しかし死において、彼は私たちを彼のわざの内に連れて行った。だからその福音は今私たちのもとにある。彼自身の犠牲の内側に私たちは入ってゆくだろう。(24)

ノーマンビーの母マリア

触れがたき者は扼《とど》められ、
アダムを詛いより釈きし者は縛られ、
心腹を試みる者は非義に試みられ、
淵を閉じたる者は獄《ひとや》に閉ぢられ、
天軍の戦《おのの》きて前に立つ所の者はピラトの前に立ち、
造物主は造物の手にて批《う》たれ、
生死者を審判する者は審判せられて、木に定められ地獄を壊《やぶ》る者は墓に封ぜらる。
慈憐を以て一切を忍びて、衆を詛《のろ》ひより救ひし寛容の主よ、光栄は爾に帰す(25)

聖大金曜日の晩課より

正教を特徴づけ、そのあらゆる礼拝を貫ぬく希望と喜びをその最も深いところで支えているのは「復活」である。正教会の奉神礼の中心である復活祭は喜びの爆発であり、その喜びは弟子たちが復活のハリストスに向き合った時に感じたのと同じ喜びである。それは、死への抗い得ない悲しみ、いのちの主であるお方でさえ人となった時に引き受けねばならなかった死への、抗い得ない悲しみの後に現れ出た、「いのち」の凱旋を目の当たりにした被造物すべての宇宙的歓喜の爆発である。「諸天は宜しく楽しむべし、地は歓ぶべし、見ゆると見えざる世界は祝ふべし、永き楽しみなるハリストス起き給ひしによる」（聖大パスハ早課）。あらゆるものが以前には確実に死に向かって進んでいくほかなかったが、今やいのちの確かさに満たされている。

正教はキリスト教の信仰の核心をとりわけて堅固な確信をもって「いのちの勝利」に見ている。(26)

デミトリイ・スタニロアエ神父

ソビエトの収容所で信仰ゆえにとらわれの身になってはじめて、最初の人間の堕罪の神秘を、すべての被造物の神秘的なあがないの意味を、そして悪の力に対するハリストスの偉大な勝利をほんとうに理解できます。聖なる福音のメッセージゆえに受難してはじめて、私たちは自分がどんなに罪深く弱い者であるかを、初代教会の偉大な殉教者たちに比べて全く不当な者であるかを悟ることができます。その時はじめて私たちは、深い柔和さと謙虚さが救いには不可欠であることを会得できます。また私たちはその時はじめて、見えるものの過ぎ去りゆくイメージと、見えないお方の永遠のいのちを見分けることができます。

復活祭の日、信仰ゆえに囚われの身になっている私たちすべてはハリストスの喜びに一つに結ばれました。一つの思いに、一つの霊的勝利に入れられ、唯一の永遠の神の光栄を讃えました。そこには荘厳なパスハの礼拝はありません。教会の鐘も鳴り響きません。礼拝のために集まることも、祝祭のために着飾ることも、復活祭のごちそうを準備することもできません。逆に、ふだんよりもいっそう過酷な労働が課せられ、監視の目もより厳しくなりました。ここにいる信仰ゆえの囚人たちは教派を問わず秘密警察によっていっそう厳しく探りを入れられ、その脅しは露骨なものとなりました。

それでもなお、復活祭はそこにありました。偉大で、聖なる、霊的な、忘れがたいものとして。私たち互いの内にいらっしゃる、よみがえった神の存在によって、復活祭は祝福されました。物言わぬシベリアの夜の星々、私たちの悲しみもまたこの復活祭を祝福しました。

主の偉大なる復活に結ばれて私たちの心臓は、何と大きな喜びに躍ったことでしょう。死は征服されました。もう恐れはありません。永遠の復活祭が私たちに与えられました。収容所にあふれているこの驚くべき復活祭、その栄光の中から、勝利と喜びに満ちた「うれしい知らせ」を送ります。ハリストス復活！(27)

ソビエトの強制収容所からの手紙

第五章　聖霊としての神

この肉体に与えられた聖霊は、悲しみにも困窮にも耐えることができない[1]。

ヘルマスの牧者

聖霊が人に降り、そこからあふれ出るものの充満で彼を覆い尽くすなら、彼の魂は言い表しがたい喜びでいっぱいになります。聖霊が触れるものは何であれ喜びに変えられるからです。天国は聖霊における平安と喜びです。内なる平安を求めなさい。そうすればあなたを取りまく何千人もの人々が救いを見つけるでしょう[2]。

サーロフの聖セラフィム

握りしめたこぶしか、広げられた両手か？

ローマのカタコンベ（地下墓地）の壁画には、「オランス」という姿勢で祈っている婦人の姿が、時折り見つかる。婦人は天を見上げている。両手は広げられ手のひらは上を向いている。これは最も古いキリスト教のイコン表現の一つである。彼女の姿で何が表されているのだろう。福《さいわ》いなる童貞女マリアか、教会か、それとも祈る魂の象徴的な表現か、それともその三つを同時に表しているのか。……どう解釈されようが、この姿はクリスチャンの基本的なあり方を表している。聖霊を呼び求め、待ち受ける、……嘆願すなわち「エピクレシス」である。

人の両手がとり得る三つの代表的なかたちがあり、それぞれに独自の象徴的な意味がある。両手を閉じ、こぶしを握りしめるのは、抵抗もしくは掴《つか》んで離すものか、という表示《ジェスチャー》であり、そこには攻撃性ないし恐怖が伴っている。反対に両手を身体の両側にだらんと下げれば、そこに表されているのは抵抗でも、受容でもない。三つ目の姿勢では、両手がオランスのように上げられ、こぶしはもう握りしめられず開いている。無気力さは感じられない。聖霊の賜物を受け取ろうと待機しているから。霊的な生き方を身につけるのに大変重要なのは、どのようにこぶしを開き、両手を広げるかを学び取ることである。何をしていても片時も忘れず、「オランス」の姿勢を保ち続けなければならない。心の姿勢として、いつも聖霊に向かい開かれた両手を上げ、「おいでください」と呼び続けるのだ。

クリスチャンの人生全体の目的は聖霊を宿すものとなること、聖霊の内に生きること、聖霊をいのちの息とすることである。

風と炎

聖霊というお方には秘密の隠された性質があり、それは彼について語ること、著述することを困難にしている。新神学者聖シメオンはこう言っている。

聖霊は彼がそこにとどまる事柄から彼の名前を引き出す。なぜなら人間の間では彼を示す特定の名前を何も持たないからだ。

聖シメオンは別の所ではこう言う。（実際は聖霊に特に言及していないのだが、彼の言葉は至聖三者の第三の位格には極めてふさわしい）。

それは目に見えず、手でつかみ取れない。
触れないが、あらゆるところにそれを感じる。
それは何だろうか？　おお奇異なるものよ！　それは何ではないのか？
それは名を持たないのだ。

愚かにも私はそれをつかもうとした。
そして手を閉じ、しっかりとそれをつかんだと思っていた。
しかし、それは逃げ去ってしまった。手の中には何も残らなかった。
悲しみでいっぱいになり、私はこぶしを開いた。
すると、どうだ、それはもう一度私の手のひらの中にあった。
言いようのない驚異！未知の謎！
なぜ私たちの努力は空しいのか、私たちは皆、なぜ道に迷ってしまうのか？(3)

この捕らえどころのなさは聖書で聖霊を示すために用いられている象徴的表現にも明らかである。聖霊の降臨は「激しい風が吹いてきた」ようだった（使徒2・2）。聖霊を教会は「スピリット（ギリシャ語ではプネウマ）」と呼ぶ。これは風ないしは息を意味する。イイススがニコデモに言うように「風は思いのままに吹く。あなたはその音を聞くが、それがどこから来て、どこへ行くかは知らない」（ヨハネ3・8）。風は目に見えないが、そこに吹いていることは知り得る。私たちが夜目覚めているなら、木々をざわめかし、丘を散歩しているなら、頬をなでてゆく。しかしそれを捕えようとすると、風は手からすり抜けていってしまう。聖霊は重さも大きさも測れない、また箱に鍵をしっかりかけてしまってもおけない。ジェラード・マンレイ・ホプキンスは彼の詩の中で、童貞女マリアを私たちが呼吸する空気になぞらえるが、同じ比喩が聖霊にも当てはまるだろう。空気と同じように聖霊はいのちの源である。「在らざる所なきもの、満たざるところなきもの」（正教会の祈祷「天の王」から）としていつも私たちを包みこみ、いつも私たちの内にいる。ちょうど空気そのものは目には見えないが、それによって他のものが見え聞こえるように、聖霊もその顔を私たちには見せないが、いつもハリストスの顔を私たちに示す。

聖書では、聖霊はまた炎にたとえられる。五旬節《ペンテコステ》の日、最初のクリスチャンたちに「慰《パラクレトス》む る者」・聖霊が降った時、それは「舌のようなものが、炎のように分かれて」現れた（使徒2・3）。風と同様、やはり炎もつかみ所がない。生きていて、自由で、いつも動いていて、大きさを測ることも、重さを計量することもできない。縛り上げて狭い境界の内側に閉じ込めてはおけない。炎はその熱を感じることはできても、手の中に封じ込み、そこに留めておけないように。

私たちの聖霊との関わり方はこのようなものである。その存在は意識し、その力は知っているが、その位格《ペルソナ》を心に描くのは容易ではない。至聖三者の第二の位格「御子」は藉身（受肉）して地上に人として生きた。福音書は彼の言葉と行いを伝え、彼の顔は聖なるイコンの中で私たちに向けられている。彼を心に思い描くのはそんなに困難ではない。しかし聖霊は藉身しなかった。彼の神の位格《ペルソナ》は私たちに人のかたちとしては示されない。至聖三者の第二の位格の場合、彼が「父に永遠の起源を持つ」ことを表すために採用された「生まれ generation、being born」という用語は、それを文字通りに理解してはならないことを知っていても、私たちの心に特定の明確な観念をもたらす。しかし聖霊が「父に永遠の起源を持つ」ことを示すために用いられる用語、「発出 procession」、「出る proceed」は、はっきりした特定の観念をもたらさない。まるで、まだあからさまに開示されていない奥義を指し示す聖なる象形文字《ヒエログリフ》のようなものだ。その用語の違いは聖霊と父との間の関係と、子と父との間の関係は同じではないことを示している。しかしその違いの本質が正確には何であるかは教えてくれない。これは避けられない困難である。聖霊のふるまいは言葉では定義できないから。聖霊を知るためには人は自《みず》からその恩寵の内を生きて直接体験するほかかない。

しかしなお、その理解しがたさにもかかわらず、正教の伝統は聖霊について二つのことを明確に教える。第一は、聖霊は位格《ペルソナ》であることだ。彼はたんなる神の息吹きではない（私は一度ある人がそのように言うのを聞いた）。たんなる生命を欠いた力ではない。そうではなく至聖三者の三つの永遠の位格のお一方《ひとかた》である。そうであればこそ、その表面上の捕らえどころ無さにもかかわらず、私たちは聖霊とペルソナ的な「我と汝」の関係に入ることができ、そして実際に入るのだ。第二は、聖霊は至聖三者の第三の位格として他の二つの位格との「同格性」を保ち、「永遠の共存」にあることだ。聖霊は他の二者に依存するたんなる機能でも、他の二者に仕える仲介者でもない。正教会がラテン教会がニケア・コンスタンティノープル信経へ「フィリオケ（および子からも）」を追加したことを認めず、またその追加の背後にある「聖霊の二重発出」についての西方教会の教えを拒否する主要な理由の一つはまさに、そのような教えは聖霊を非位格化し、また他の二者へ従属させてしまいかねないからに他ならない。

聖霊の他の二者との「永遠の共存」と「同格性」は、正教会の五旬祭の聖歌の中で繰り返される主題である。

聖神《しん》（聖霊）は常に在りき、また在り、また在らんとす。
始めらるるなく、息《や》めらるるなく、
常に父及び子と一性一体なり。
彼は生命及び生命を賜ふ者、
光及び光を施す者
自《みず》から善及び善の泉なり。
彼に依りて父は知られ、
子は崇められ、
聖三者の惟一の力、惟一の性、惟一の伏拝は衆人に知らるるなり。(4)

「五旬祭主日」の早課（また晩課）

聖霊と御子

父の両手、その御子と聖霊の間には相互交換関係、お互いに仕え合う絆がある。しばしば、この両者の相互関係を一方の側からのみ論じ、この互換関係を曖昧にしてしまう傾向がみられる。そこではまず、最初にハリストスが来る。そしてハリストスの昇天の後、五旬節の日にハリストスによって聖霊が遣わされる。しかし実際には、お互いの結びつきはもっと複雑で、もっとバランスがとれている。ハリストスは私たちに聖霊を送った。しかし同時に、ハリストスをこの世に送ったのは聖霊の働きだったことを忘れてはならない。すでに概略を述べた三位一体の様式を思い起こし、敷衍してみよう。

1　藉身

受胎告知の時、聖霊は処女マリアのもとに降った。そして彼女は神のロゴスを宿した。信経によればイイスス・ハリストスは「聖霊及び童貞女マリアより身をとり」とある。ハリストスをこの世に送ったのは聖霊である。

2　洗礼

同じ関係がここにもある。イイススがヨルダン川の水から上がった時、聖霊は彼の上に鳩のかたちで降った。ハリストスに権限を委ね、彼を伝道の仕事に派遣するのは聖霊である。これは、洗礼に引き続いて起こるいくつかの出来事のなかで十分に明らかになる。聖霊は、宣教開始に先だって四十日間の試練を受けさせるためハリストスを荒野に送る（マルコ1・12）。この闘いを終えて戻ってきたハリストスは「聖霊のちからに満ちあふれて」いた（ルカ4・14）。主の宣教のまさに最初の言葉が、彼を派遣しているのは聖霊であるという事実を、簡潔に言明している。彼はイサイヤの六一章一節を読み、それを彼自身のこととして告げる。「主の聖霊が私に宿っている。彼は貧しい人々に福音を宣べ伝えさせるために、私を聖別して下さった方である」（ルカ4・18）。彼の「ハリストス」また「メシア」という呼び名は明確に、彼が聖霊によって膏《あぶら》つけられた者であることを意味している。

3 変容

さらにもう一度、聖霊はハリストスに降る。こんどは鳩のかたちではなく、光る雲として。以前、聖霊がイイススを荒れ野に送り、それに続いて彼を人々への宣教に遣わしたのとちょうど同じように、今度は聖霊は彼をその「脱出《エクソダス》」すなわちエルサレムでの犠牲としての死へと送る。

4 五旬節《ペンテコステ》

互いの関係はここで逆転する。これまでは聖霊がハリストスを送り出したのだが、ここでは復活のハリストスが聖霊を送り出す。聖霊降臨は藉身の目的と成就を形成する。ウラジミル・ロースキィの言葉によれば、「ロゴスは身をとった。それは私たちが聖霊を受け取れるようになるためである」(5)。

5 クリスチャンの人生

「神の両手」の相互関係はここで終わりはしない。聖霊が受胎告知、洗礼、変容において御子を送ったのと同じように、また御子が今度は聖霊を五旬節に送ったのと同じように、五旬節後の聖霊の働きは、復活の主が私たちの間にいつも存在することを表明し、私たちにハリストスを証言することである。もし御子の藉身の目的が五旬節に聖霊を送ることなら、五旬節（聖霊降臨）の目的は教会の生活の内にハリストスの藉身を継続させることである。

これがまさに、ユーカリスト（聖体礼儀）で私たちがパンとぶどう酒の聖別を嘆願する時、すなわち「エピクレシス」において聖霊が行うことである。そしてこの聖別のエピクレシスは、ハリストスにあっての全生活を通じて生起していることの模範《モデル》と枠組《パラダイム》みとして差し出されているのだ。

「二人または三人が、わたしの名によって集まっている所には、わたしもその中にいるのである」（マタイ18・20）。私たちのただ中にどのようにハリストスはいるのだろう。「聖霊によって」。「見よ、わたしは世の終わりまで、いつもあなた方と共にいるのである」（マタイ28・20）。ハリストスはどのようにいつも私たちと共にいるのだろう。「聖霊によって」。心の内に「慰むる者」が存在するがゆえに、私たちはハリストスをたんに、文書に残された記録だけがその生涯の事跡を伝える遠い昔の人物、いわばとても手の届かないところに存在する人物としてではなく、ここで直に、今現在、私たちと人格的な関係を持つ救い主、そして「友」（ヨハネ15・14―15）として知るのである。私たちは聖使徒フォマと共に断言できる。「我が主、我が神よ」（ヨハネ20・28）。私たちはたんに「ハリストスは生まれた、かつて遙か昔に」と言うのではない。今、この瞬間に、この私の心の中に「ハリストス生まれる」と言う。たんに「ハリストスは死んだ」ではなく、「ハリストスは私のために死んだ」と言う。たんに「ハリストスは復活した」ではなく、「ハリストスは今、復活した」、今私のために、私の中に生きると言う。私たちのイイススとの関係のこの同時性と人格的直接性は、まさに聖霊の働き以外の何ものではない。

聖霊は自分自身については語らず、ハリストスについて私たちに教える。イイススは最後の晩餐の席でこう言う。「真理の聖霊が来る時には、あなたがたをあらゆる真理に導いてくれるであろう。それは自分について語るのではない。……聖霊はわたしのものを受けて、それをあなた方に伝える」（ヨハネ16・13―14）。このなかに聖霊の匿名性、もっと正確には透明性がある。彼は自分自身ではなく復活のハリストスを指し示す。

ペンテコステの賜物

五旬節の日、「慰むる者」から与えられた賜物について、次の三点は特筆すべきである。

第一は、それは「神の民すべてへの賜物」であること。「一同は聖霊に満たされた」（使徒２・4）。賜物、すなわち聖霊の「カリスマ」は主教や教役者たちのみならず、洗礼を受けた者「一同に」贈られた。すべての者が聖霊を担う者である。その語の最もふさわしい意味で「カリスマを受けた者charismatics」である。
第二は、「一致の賜物」である。「みんなの者が一緒に集まっている」ところに聖霊は降った。五旬節での聖霊の降臨は、「バベルの塔」の出来事の結果を逆転した。五旬節の祝祭の聖歌はこう歌う。

至上者は降りて舌を淆《みだ》しし時、諸民を分てり
火の舌を頒《わか》ちし時、衆を一つに集め給へり
故に、我等同一に至聖神《しん》(聖霊)を讃栄す。(6)

五旬祭主日　早課　小讃詞

聖霊は一致と相互理解をもたらし、私たちに「一つの声で」語ることを可能にする。聖霊は「個人」を人格《ペルソナ》へと作り変える。聖霊降臨に引き続く日々、エルサレムでの最初のクリスチャンの共同体では「一切の物を共有」し、「心を一つにし、思いを一つにして」いた(使徒2・44、4・32)。これはどんな時代にでも、聖霊に結ばれた共同体・教会の指標である。
第三は、「多様性の賜物」である。「火の舌」は裂かれ、分割され「一人びとりの上にとどまった」(使徒2・3)。聖霊は私たち全てを一つにするばかりではなく、それぞれを互いに異なった者とする。聖霊降臨で言語の多様性は廃棄されなかったが、言語はもはや分裂の原因ではなかっ

た。人びとは依然としてそれぞれの言語を語るが、聖霊の力が互いの理解を助ける。私にとって聖霊を宿す者であることは、私の人格の内にある、自分を他の人から区別する特徴を実現することである。真に自由でかけがえのない自分自身となることだ。聖霊に満たされた生活は、無尽蔵の多様さに満たされる。退屈な同じことの反復は悪事であり、聖なるものではない。私の友達の一人、毎日何時間も告解を聞いて過ごしている司祭がよくうんざりしたという口調で言っていた。「目新しい罪など、一つもない。やれやれだよ」。しかし、聖性は常に新しい装いで、差し出される。

霊的師父と愚者

正教の伝統では、クリスチャンの共同体への聖霊の直接的な働きかけが、ひときわ明らかに、二つのタイプの聖霊の担い手たちに現れる。「長老」もしくは「霊的師父」と呼ばれる人々、そして「ハリストスのためにする愚者」である。

ギリシャ語ではゲロン、ロシア語ではスターレッツと呼ばれる「長老」は必ずしも年齢的に年を重ねている必要はない。しかし彼は神の真理の体験によって賢く、聖霊による「父性」の恵みと、人々を神への道に導く賜物《カリスマ》を祝福されている。彼がその霊における子供たちに、第一に差し出すのは、道徳的教訓でも生活規範でもなく、人格的な関係である。ドストエフスキーは「カラマーゾフの兄弟で「長老は人の魂と意志をとらえ、自分の魂と意志に取り込んでしまう(7)」と言う。ソビエト・ロシア時代の著名な長老であるザカリア神父の弟子たちは師についてよくこう言っていた。「それはまるで彼が私たちの心を両手の内に支えているようだった」(8)。

長老は内的平安を持つ人で、何千人もの人たちが、そのそばにいることで救いを見つけられる。祈りと自己否定の実りとして、長老は聖霊によって洞察と識別の賜物を与えられ、人の心の秘密を読み取る能力に恵まれている。彼は質問された問いにばかりか、質問者が思いもよらなかったもっと本質的な問いにも答える。洞察の賜物と切り離せないのが霊的な癒しの賜物で、人の魂に、時にはその身体にまでも健康を回復させる力を持っている。この霊的な癒しは彼の助言の言葉だけでなく、彼の沈黙、また彼がそこにいるということだけでも、もたらされる。その助言はもちろん重要ではあるが、もっと重要なのは彼の「とりなし」の祈りである。彼はその霊的な子供たちのために絶え間なく祈る。自分自身を彼らと一つにして、彼らの喜びや悲しみを自分のものとして受け入れて、彼らがその罪や不安で背負う重荷を、彼自身の肩にも負い、彼らに健康を回復してやる。もし他の人々のために徹底的に祈れないなら、彼は長老にはなれない。

もし長老が司祭であるなら、通常彼の霊的指導の働きは告解機密に密接に結ばれている。しかし真の意味での長老は、ドストエフスキーに描かれ、またザハリア神父がその模範を示すように、たんに聴罪司祭であるにとどまらない。いかなる教会の権威も真の意味での長老を「任命」できない。実際はクリスチャンたちに聖霊が直接語りかけて、ある特定の人物が人々を指導し癒やす恵みを神から祝福されていることを教える。真の長老はこの意味で預言者的人物であり、教会組織の「役人」ではない。最も普通には修道司祭であるが、一方で町の教会の既婚司祭であったり、さらに司祭には叙せられていない一般の修道士、また実はそれほど例外的ではないが、修道女また修道院の外で生活する平信徒の男女が長老であることもある。もし長老が司祭でなければ、彼は人々が抱える問題を聴き、助言した後に、機密としての告解と赦罪のために、人々を司祭のもとに行かせることもあろう。

人々と霊的師父との関わり方は多様である。ある者は生涯に一度か二度の特別な霊的な危機の時にのみ長老を訪ねる。一方で他の者は毎月、あるいは毎日でも長老に会いにゆき、定期的な接触を保つ。何か定まった規則があるわけではない。聖霊の導きによって一定の関係が育ってゆくのである。

その関係は常に人格的である。長老は反宗教改革の結果ローマ・カトリックで発達した「決擬論」の類《たぐ》いが教える抽象的な規則をふりかざすことはない。どんな時にも長老が見つめているのは、目の前にいる一人の男、あるいは女である。そして聖霊に照らされて、この一人の人物のために神が何を意志しているかを彼に伝えようと努める。なぜなら、真の長老は人それぞれが持つ独自の性格を理解し尊重する。彼は彼らの内的な自由を抑圧せず逆にそれを強化する。彼が願うのは、彼らの機械的な従順ではなく、彼の子たちが霊的に成熟して彼ら自身で決定できるようになることだ。長老は一人ひとりに彼ら自身の真の顔を示す。その顔は以前はその本人に対して全く隠されていた。長老の言葉は創造的でいのちを与え、人々にそれまでは不可能としか思われなかった仕事を可能にする。しかしこれはすべて長老が各人を一人の人格として愛しているからこそできることだ。さらに、この関係は相互的である。もし私たちが自分の生き方を変えることを真剣に求め、長老への愛による信頼によってその心を開かなければ、長老であっても何もなし得ない。批評家的な好奇心で長老に会いにゆくなら、何も感じることなく空手で帰って来ることになるだろう。

　この関係はいつも人格的であるから、個々の長老は誰にでも平等、公平に助力を与えられない。長老が助力できるのは、聖霊によってその長老のもとに送られた人々だけである。同じように、弟子は「私の長老は他の長老の誰よりも良い」と言うべきではない。彼はただ「私の長老は私にとって最も良い長老である[9]」と言わなければならない。

　人々を導くのに際し、霊的師父は聖霊の意志と声を待つ。「私は神が与えなさいと教えていることだけを与える」、サーロフの聖セラフィムはそう言う。「聖霊によって鼓吹されて私のもとに届いた最初の言葉を私は信じる」。ただ明らかなことだが、禁欲的な努力と祈りによって神の臨在への特別に強い意識を獲得した者でなければ、聖セラフィムをまねてはならない。この水準に達していないいなら誰にとっても、それ以上におこがましく、かつ無責任きわまる振る舞いはない。

　……ザハリア神父は聖セラフィムと同様のことを言っている。

　しばしば人は、自分が言おうとしていることを自分自身知らない。主ご自身が彼の口を借りて語る。こう祈るべきだ。おお主よ、どうかあなたがわたしの内に生きてくださいますよう。主が人の口を借りて語る時、その口が語るすべての言葉には力があり、語られるすべては成就する。語っているその人自身が、それに驚く。結局のところ、人は知恵に頼ってはならないのだ。

霊的師父とその「子」との間の関係は死を超えて最後の審判の時にまで及ぶ。ザハリア神父は彼に従う者たちに言った。「死後は、私は今よりもずっと活力溢れて生きる。だから私が死んでも嘆かなくて良い。審判の日には、長老たる者は言うだろう。『ここに私はいる、君たちと一緒に』と」[10]。聖セラフィムは自分の墓石に次のような驚くべき言葉を刻んで欲しいと頼んだ。

私が死んでしまっても、お墓に私に会いにおいでなさい。来れば来るほどよい。あなたの魂に起きたどんなことも、あなたの身に起きたどんなことも、私が生きていた時と同じように私のところに来て、地面に跪いて、辛い思いをみんな私のお墓の上に吐き出してしまいなさい。私にどんなことでもお話しなさい、私は聞いてあげる。そうすればあなたから辛い思いはみんな飛び去ってしまうだろう。私が生きていた時、あなたが私に話したように、今もそうなさい。なぜって、私は生きている。わたしは永遠にあなたと共にいるから[11]。

決してすべての正教信徒が自らの霊的師父を持っているわけではない。もし導きを求める霊的師父が見つけられなければ、どうすればよいのか。もちろん書物から学ぶことは可能である。長老や師父を持っていようがいまいが、不変の導き手として聖書がある。しかし書物の厄介さは、そこに書かれている何が、自分の旅の「今、ここ」での特別な事情に適用できるかの判定の難しさである。さらに様々な書物また霊的な師父とともに、兄弟姉妹の霊的な役割も存在する。神に送られた教師たちではなく、同じ道をともに歩む仲間によって与えられる助力だ。そんなふうに差し出される機会も無視すべきではない。しかしその「道」を歩むことに真剣に取り組む者は、それらに加えて、聖霊の働きへの信頼の内で、師父を見つける努力を怠ってはならない。もし謙虚に求めれば、疑いなく必要な導きが与えられるだろう。ただし聖セラフィムやザハリア神父のような長老が容易に見つけられるという訳ではない。はっきりと目に見える何かを期待することで、神が実際に自分に差し出している助けを見逃さないよう、気をつけなければならない。他の人々の目には何の印象も与えない誰かが実は、「この私」に互いの人格の向かい合いの中で、「この私が」何よりも耳を傾けるべき炎のような言葉を語れる一人の霊的師父であることさえある。

クリスチャンの共同体での二番目の預言者的な聖霊の担い手は、「ハリストスのためにする愚者」である。彼らはギリシャではサロス、ロシアではユーロジヴィと呼ばれる。通常は彼の「愚かさ」がどの程度、意識的かつ故意に装われたものか、またどの程度、自然に現れる無意識的なものなのかを見定めるのは困難である。聖霊に賦活されて「愚者」はメタノイアすなわち精神の方向転換を極限にまで推し進める。誰よりも過激にあらん限りのことをする。彼はハリストスの王国はこの世には属さないという真実への生ける証人である。この世の「対極にある世界」の現実性、「不可能」の「可能性」の証言者である。自ら進んで絶対的な貧しさを実践し、身を落としたハリストスと自分を一致させる。ユリア・ドゥ・ボウソブルが言うように「彼は誰の子でもなく、誰の兄弟でもなく、誰の父でもない。彼は家庭を持たない」(12)。家庭生活をあきらめ、彷徨《さすらい》ないしは巡礼の生活を送る。あらゆる場所を家と感じつつも、決して一所に落ち着かない。冬の寒さの中でも襤褸《ぼろ》ひとつをまとうだけですごし、物置小屋や教会のポーチで眠る。彼は物質的な所有物だけでなく、他の人々なら正気さや精神の平衡《バランス》と見なすものも放棄する。しかしなお、それによって自らを聖霊のより高い知恵への通り道とする。

「ハリストスのためにする愚者」への召し出しは、言うまでもないが極端に稀なことである。真正な「愚者」と偽りの「愚者」を、また精神のより高次な段階への「突破」とたんなる「破綻」を見分けるのは容易ではない。最後に至って始めて真偽は検証される。「あなた方はその実によって彼らを見分ける」(マタイ7・20)のだ。偽りの「愚かさ」は彼自身にとっても他の人々にとっても無益であるばかりか有害である。ハリストスにある真の「愚者」はその心の清さによって、彼を取り囲む共同体に影響を与え、そのいのちを高揚させる。実際的な観点からは「愚者」の行う何事も、有益な目的に貢献しない。しかしそれでも、しばしば故意に人々を挑発し衝撃を与えるその驚くべき振る舞い、また謎めいた言葉によって、彼は人々を自己満足とファリサイ主義から覚醒させる。自らは距離を置きつつ、他の人々から反応を引き出し、潜在意識に隠されているものを表面に浮き上がらせ、それが清められ成聖されることを可能にする。彼は大胆さと謙遜さを結びつける。それは彼があらゆるものを放棄して、まったく自由であるからだ。イワン雷帝の手に血の滴る肉片を置いた「愚者プスコフのニコライ」のように、愚者はこの世で力を持つ者たちを、他の者たちには欠けているその大胆な振る舞いで叱りつけることができる。彼は社会の生きた良心である。

あなたがそうであるものになれ

それぞれの世代で、ほんの僅かな者が長老になる。そして、「ハリストスのためにする愚者」になる者はほとんどいない。しかし洗礼を受けた者は例外なく聖霊を担う者である。「あなたはあなた自身の高貴さを悟り、理解していないのか」。聖マカリオスはその「講話」で問いかける。「あなたたち一人ひとりはみな天からの膏《あぶら》を傅《つ》けられた。そして恩寵によって一人のハリストスになったのである。皆王であり、天上の奥義の預言者である」(13)。

五旬節《ペンテコステ》の日の最初のクリスチャンたちに起きたことが、私たち一人ひとりにも、洗礼に続いて聖膏（ミロン）が傅《つ》けられた時に起きる（これは教会への入会のための第二の機密・傅膏機密。西方教会での堅信礼に相当する。正教会ではローマカトリックと異なり洗礼に引き続いて直ちに行う）。新たに洗礼を受けた者は幼児であろうが成人であろうが、司祭によって「聖神《しん》（聖霊）の恩賜のしるし」

とそのつど唱えられながら額、両目、鼻、口、両耳、胸、両手、両足に膏傅《あぶらつ》けられる。これは各人それぞれにとってのペンテコステ（聖霊降臨）である。「炎の舌のようなもの」として使徒たちの上に目に見える形で降った聖霊が、目に見えない形で私たち一人ひとりに降る。目には見えなくとも、その現実性と力とは何ら劣らない。各人はそれぞれ皆「膏傅けられた者《ハリストス》」、すなわちメシア・イイススの似姿として一人のハリストス（膏傅《あぶらつ》けられた者）となる。各人は「慰むる者」・聖霊の賜物によって印《しるし》づけられる。洗礼と傅膏の瞬間から、聖霊はハリストスとともに、私たちの心の最深奥にある神殿に到来し、住まう。私たちは聖霊に「来たれ」と呼びかけるが、彼はすでに私たちの内にいる。

洗礼を受けた者が、その後の人生で信仰にどれほど不注意で無頓着であっても、彼の内の聖霊の臨在が完全に撤回されることはない。しかし人は神の恵みと「共働」しなければ、すなわち自由意志を通じて、教えの実践のために苦闘しなければ、聖霊が内的に実在することは隠され意識されないままにとどまるかもしれない。ハリストスの示す「道」を歩む巡礼の旅は、聖霊の恵みとその働きが隠されたままで内在する段階から、その内在に気づき積極的に自覚する地点まで進んでゆくことである。その時、聖霊の力は覆われることなく直接に完全な直覚として知られる。ハリストスは「私は地上に炎を投じるために来た」（ルカ12・49）と言い、「火がすでに燃えていたならと、わたしはどんなに願っていることか」と続ける。五旬節《ペンテコステ》の聖霊の火花は、洗礼の時以来私たち一人ひとりに臨在し、生きた炎として燃えていなければならない。私たちは、「私たちがそうである者」に、ならなければならない。

「聖霊の実は、愛、喜び、平和、寛容、慈愛……」（ガラテヤ5・22）である。内面生活の全体が聖霊の働きへの積極的な自覚に貫かれていなければならない。皆がみな、衝撃的な「回心体験」を経験するわけではないし、必要でもない。ましてや、すべての者が「異言を語る」必要はない。現代のほとんどの正教会は「ペンテコステ運動」の、「異言」を語ることがその人物が聖霊に満たされている決定的で不可欠な証拠だとする主張には、首をかしげる。異言の賜物は、もちろん使徒時代にはしばしば現れた。しかし二世紀半ばからは、完全に消滅したわけではないが、以前よりずっと稀なものになっていた。いずれにしても、聖使徒パウロは比較的重要ではない霊的な賜物の一つであると主張している（Iコリント14・5参照）。

それが真に霊的なものなら、「異言を語る」ことは「自己放棄」を表すだろう。人が罪深い自己信頼を突き崩し、自らを神の働きの場としてすすんで明け渡す決定的な瞬間である。正教会の伝統ではこの自己放棄のわざは、異言よりもむしろ頻繁に「涙の賜物」の形を取る。シリアのイサアクはこう言う。「涙は身体の支配と霊の支配の、すなわち情念への従属と純潔さとの境い目」である。彼はこう語る。忘れがたい言葉だ。

人がその内面で結実させる最初の実りは涙である。涙の場所に到達したとき、あなたの霊はすでにこの世の牢獄から脱出して、新しい時へ続いている道へ足を踏み入れたことを知りなさい。この時、あなたの霊はそこにある驚くべき空気を呼吸し始め、涙を流し始める。霊的な子供の誕生の瞬間はもう手の届く所にあり、陣痛が強まり始める。私たちすべての共通の母である恵みは急いで神の像である魂を奥密に生もうとする、来るべき世の光の内に。誕生の時至れば、知性はあの別世界の事どもの何かを、かすかな香りとしてあるいは新生児が身体に吸い込む息のようなものとして感じ取り始める。しかし、それは私たちには未知の経験である。私たちはその経験の衝撃を持ちこたえられなくなり、身体は突然、喜びが混じりあった涕泣に征服されてしまうのだ(14)。

しかし、たくさんの種類の涙がある。すべてが聖霊の賜物とは限らない。霊的な涙とは別に怒りと欲求不満の涙、自己憐憫の涙、感傷的で感情的な涙がある。それらの識別が求められる。だからこそ経験を積んだ霊的指導者「長老」の助力が必要なのだ。「識別」は「異言」の場合にはさらにいっそう必要である。しばしば異言を語らせているのは、よくありがちな人間的心理現象、すなわち聖霊ではなく、自己暗示と集団ヒステリーである。異言が悪魔憑きの一つのかたちであることさえある。「愛する者たちよ。すべての霊を信じることはしないで、それらの霊が神から出たものであるかどうか、ためしなさい」(Iヨハネ4・1)。

それゆえ正教は一方で聖霊の直接的な体験の必要を強調すると同時に、識別力と正気の必要もまた強調する。涕泣、そして他の聖霊の賜物の体験から、あらゆる空想と感情的な興奮が取り除かれる必要がある。真正なる聖霊の賜物は拒否すべきではないが、決してそのような賜物それ自体を目的として追求してはならない。祈りの生活の目的は、「宗教的」情感や、どんなものにせよ特殊な知覚的経験を手に入れることではなく、意志を神の意志に従わせることに尽きる。聖使徒パウロは「わたしの求めているのは、あなた方の持ち物ではなく、あなた方自身である」と言う。同じことを神に対して言おう。私たちは賜物ではなくそれを与えてくるお方を求めている、と。

聖霊への嘆願

来たれ！　真の光
来たれ！　永遠のいのち
来たれ！　秘せられた奥義
来たれ！　名付け得ぬ宝
来たれ！　すべての言葉を超えた現実
来たれ！　すべての理解を超えた位格
来たれ！　終わりなき歓喜
来たれ！　暮れることを知らぬ光
来たれ！　救われる者たちの裏切られることなき期待
来たれ！　堕ちた者たちの復起

来たれ！　死者の復活
来たれ！　意志ひとつで絶え間なく創造し、造りかえ、すべてのものを変容する、完全なる力
来たれ！　誰も触れ得ず繰り得ない見えざるもの
来たれ！　常に不動でありながら、あらゆる瞬間に動いているあなた。地獄にある我等のもとにおいでになっても、諸天に超えて高きにおり続けるあなた。
来たれ！　その名が我等の心をあこがれで満たし、その名が我等の唇にあり続けても、あなたが誰で、何であるか、我等には言うことも知ることもできないあなた。
来たれ！　孤独な者たちにとって、ただ一人の者であるあなた。
来たれ！　あなた自身が我が内なる望みであるあなた。
来たれ！　我が息、我が生命
来たれ！　我が卑しき魂の慰め
来たれ！　我が喜び、我が栄光、我が終わりなき歓喜(15)

新神学者聖シメオン

聖神《しん》（聖霊）は光及び生命なり、
神霊の活ける泉なり、

睿智の神《しん》（霊）、
知識の神《しん》（霊）、善にして義なる聡明の神《しん》（霊）、
権ありて罪を潔むる者、
神及び神に合《あわ》する者、
火にして火より出づる者、
預言し、行動し、賜を分つ神《しん》、
彼に藉《よ》りて衆預言者及び神聖なる使徒は致命者と偕《とも》に榮冠を冠《こうむ》れり、
異なる聞《きこえ》、異なる見《みえ》、別れて恩賜を配分する火なり。(16)

五旬祭主日晩課より　日本正教会訳

正教の規定に従って洗礼を受けた者は誰でも、奥密に完全な恵みを受け取る。そしてもし、彼が主の戒めを守る生活に歩み出せば、やがて彼は自らの内にこの恵みが宿っていることに気づくことになろう。

信仰にどれほど進歩しても、彼が受けた祝福がどれほど大きなものであっても、彼がすでに洗礼によって奥密に受け取ったもの以上の何ものも彼は見出さないし、見出すことはできない。完全な神として、ハリストスは洗礼を受けた者たちに完全な聖霊の恵みを授ける。私たちの側はその恵みに何も付け加えることはできない。しかしその恵みは、私たちが戒めに

応えてゆけばゆくほど、それに応じて、次第により多く自らを顕わし示してゆく。私たちが生まれ変わった後、聖霊に献げるものは何であれ、すでに私たちの内にあり、聖霊を源泉として私たちに届けられる。(17)

修士聖マルコ

神の三つの位格それぞれは自らを主張せず、一つの位格がもう一つの位格を証する。それ故に、ダマスクの聖イオアンネスはこう言う。「父は子においてその像《イメージ》を顕す、子は聖霊においてい」。しかし至聖三者の第三の位格だけは他の位格の内に自らの像を持たない。聖霊という位格はその像を顕さないまま、隠したままにとどまり、自らをまさに彼の顕れにおいても閉じ込め、隠している。聖霊はハリストスと、来たるべき世に主の君臨に協力するために呼ばれているクリスチャンすべてへの王的塗油である。今は知られておらず、至聖三者の他の一つの位格に彼の像を持たないこの神的ペルソナはその時、彼自身を神化された人格《ペルソナ》の中に顕現するだろう。なぜならその時には、多くの聖人たちが彼の像となるだろうから。(18)

ウラジミル・ロースキィ

聖神《しん》（聖霊）は萬事を備ふ、
預言を流し、

司祭を成全し、
無学者に智慧を誨《おし》へ、
漁者を神学者と為し、
教会の一切の律例を設く、
父及び子と一體にして同座なる撫恤《ぶじゅつ》者よ、
光榮は爾に歸す(19)。

五旬祭の大晩課より

第六章　祈りとしての神

生きているのは、もはや、わたしではない。ハリストスが、わたしの内に生きておられる。

ガラテヤ人への手紙2・20

正教の精神は祈りの賜物にある。(1)

バシレイオス・ロザノフ

ある兄弟が師父アガフォンに尋ねた。「父よ、私たちに求められるいろいろな活動の中で最も努力が必要なのは何の徳でしょう」。彼はこう答えた。「ゆるしてほしい、しかし私が思うに、神に祈ることより骨の折れるものはない。人が祈りたいと思うと、いつでも敵である悪霊どもが邪魔しに来るからね。神への祈りほど、悪霊たちを妨げるものはないから。人が引き受ける他のどんな修行でも、忍耐すればやがて安息が与えられるだろう。しかし祈るためには、人は最後の息に至るまで、戦わなければならない(2)」。

「砂漠の師父たちの言葉」から

「道」を行く者が通ってゆく三つの段階

司祭に叙聖されてすぐの頃、あるギリシャ人主教に説教への助言を乞うた。答えは単純明瞭だった。

「どんな説教にも三つのポイントが必要だ。それより少なくても多くてもダメだ」。

霊的な道行きも三つの段階に分けられると、よく教えられる。アレオパギトの聖ディオニシオスによれば浄化、照明、一致である。この図式はしばしば西方教会でも採用された。ニュッサの聖グレゴリオスはモーセの生涯を例証として取り上げ、光、雲、闇について語る。しかしこの章では、これらとは少し異なるオリゲネスの考案した三重の図式に従おう。これはエヴァグリオスによってより正確に述べられ、表信者聖マクシマスによって展開され、完成した。そこでの最初の段階はプラクティキすなわち徳の実践である。第二は「フィジキ」、すなわち自然界への瞑想、第三は旅の終わり、「テオロギア」すなわち、その語の本来の意味での「神学」、神そのものの観想である。

徳行の実践である第一段階は悔い改めで始まる。洗礼を受けたクリスチャンは良心に聞き従い、神の助力と自らの自由意志との共働によって、情動的衝動への隷属を免れるよう戦う。戒めを守り、善悪の判断力を養い、そして義務や責任の感覚を研ぎ澄ましていくことで、次第に人は第一段階の最終的な目的である「心の清さ」を獲得してゆく。自然の観想としての第二段階ではクリスチャンは造られた諸物の「存在そのもの」への知覚を磨き、あらゆる物の内に造物主の臨在を見いだす。これによって人は第三段階へ導かれる。あらゆる物の内にばかりか、あらゆる物の上に、さらにそれらを越えて存在する神の、直接的視像《ビジョン》である。この第三段階ではクリスチャンはもはや、自らの良心と被造物の仲立ちによって神を体験するのではなく、仲介されざる愛の一致の内に顔と顔を合わせて造物主と出会う。神の光栄を余すところ無く見ることは、来るべき世まで留保されているが、聖人たちはそこにあふれる収穫の、確かな保証と初穂をこの世にあって受ける。

しばしば第一段階は「修徳的生活」と呼ばれ、第二と第三の段階は一括りに「観想的生活」と呼ばれる。正教の著作家たちがこれらの呼び名で言及しているのは通常、内面的な霊的状態であって外面的なあり方ではない。「修徳的生活」を生きているのは社会福祉家や宣教師たちだけではない。独居者もしくは隠遁者たちでも、依然として情念を克服し徳行に進むべく奮闘しているのだから「修徳的生活」を生きていると言えよう。そして同様に「観想的生活」は砂漠や修道的集団の中で暮らす人たちだけのものではない。鉱夫、タイピスト、家庭の主婦もまた内的な静寂と心の祈りを獲得できた時には真の意味で「観想的」たり得る。「砂漠の師父の言葉」にも、偉大な独居修道者であった聖大アントニオスの次の逸話が残されている。「師父アントニオスは、砂漠で次のような啓示を受けた。『町に、熟達した医師で、お前に似たものがいる。彼は自分の財産の余分な物を、それを必要とする者たちに施し、毎日天使たちとともに、三聖唱（聖なるかな、聖なるかな、聖なるかな、万軍の神なる主）を歌っている』」(3)。

旅の三つの段階というイメージは有益だが、文字通りに受け取られてはならない。祈りは位格《ペルソナ》間の生きた関係であり、位格的関係は小ぎれいな分類には収まらない。特に強調しておくが、三つの段階は必ずしも厳密にこの順番で進むわけではない。ある段階が次の段階が始まる前に終点に来ることもある。神の光栄の直接的視像《ビジョン》は時に、思いがけない贈り物として、いまだに悔い改めず、「修徳的生活」の戦いも引き受けていない者に授けられることがある。逆に、神によって観想の奥義にどれほど深く導き入れられている者でも、この地上に生きる限りは、誘惑との戦いは避けられない。この世の生の終わりに至ってもなお、彼は悔い改め続ける。エジプトの聖アントニオスは「最後の一息まで人は誘惑に身構えていなければならない」と言う。「砂漠の師父の言葉」の別の箇所は師父シソエスの死をこう伝えている。彼の臨終の床を取り囲んで見守っていた兄弟たちは、師父の唇が動いているのを見た。彼らは「父よ、誰にお話しになっているのですか」と尋ねた。師父は「ごらんなさい」と言って、こう続けた。「天使たちが来て私を連れて行こうとしている。私はもう少し時間をくださいと頼んでいるのだ、悔い改めの時間を」。弟子たちは言った。「あなたはもう悔い改める必要などないはずです」。しかし長老は言った。「私にはかつて悔い改めを始めたことなどほんとうにあったかどうか、おぼつかないのだ(4)」。そして彼は息絶えた。彼の霊的な子供たちの目には彼はすでに完全な悔い改めを成し遂げていた。しかし彼自身の目には、彼はまだ出発点に立っていたにすぎなかった。

この世では、自分はすでに第一段階は通過したと言える者はいない。三つの段階は継続的というよりむしろ同時的に進む。霊的生活は互いに独立してはいても、共に関わり合いながら深まり行く三つの過程として語られるべきである。

三つの前提

これらの段階ないしは水準について詳しく述べる前に、霊的な道での各地点ごとに前提となる不可欠な三つの要素を考察しておくのは、賢明である。

第一に、この道を行く旅人は教会のメンバーであるという前提である。この旅は他の仲間たちと共に手を携えて取り組むもので、一人旅ではない。正教の伝統は真のキリスト教に不可欠な、教会的性格を極めて強く意識している。ここでかつて引用したアレクセイ・ホミャコーフの言葉の続きを紹介しよう。

誰も一人では救われない。救われる者は教会において、教会のメンバーとして、教会の他のメンバー全てに結ばれて救われる。人がもし信じるなら、彼は信仰の交わりの内にいる。もし愛するなら、彼は愛の交わりの内にいる。もし祈るなら、彼は祈りの交わりの内にいる。(5)

アレクサンドル・エルチャニノフ神父が述べるように、

無知と罪は孤立した個人の特徴である。教会の一致の内でのみ、始めて、これらの弱点は克服される。教会でのみ、人はその真の自己を見出す。霊的な孤立の無力さの中ではなく、兄弟姉妹たちとの、そして救い主との交わりがもたらす力の内で(6)。

自らの知性で考え抜いた末にハリストスとその教会を拒む多くの人々がいる。またハリストスについて聞いたこともない人々がいる。しかしなお、本人たちは知らなくても、これらの人々は彼らの心の深い所で、彼らのいのち全体の隠された指向において、唯一の主の真の僕《しもべ》である。神は、この世の生にあっては教会にまったく属さないこれらの人々を救える。しかしこの問題を私たち(クリスチャン)の側から見れば、私たちの内の誰も「私には教会は不必要だ」と言う権利はない。キリスト教徒の世界では、通常の教会員なら誰でも負う義務を免れている霊的「選良《エリート》」などはいない。砂漠の独居修道者は、町で働く職人とまったく同様に「教会の人」である。苦行を引き受け神の奥義を追求する生き方は、ある面で「唯一者」への孤独な飛翔である一方、本質的に社会的、共同体的である。クリスチャンたる者は兄弟姉妹を持つ者である。彼は一つの家族に属す。教会という家族に。

第二に、霊的な道を歩む生き方の前提は教会だけではなく、機密的な生活である。ニコラス・カバシラスが極めて強く断言するように、私たちの「ハリストスにある生活《いのち》」を構成するのは機密である。ここにもエリート主義の余地はない。「ふつうの」クリスチャンのための道、——諸機密を中心にした共同礼拝の道——の他にもう一つ、内的な祈りに招かれている選ばれた僅かな人たちのための道があるなどと考えてはならない。反対にそこには一つの道しかない。諸機密による道と、内的な祈りの道は相互に代替可能ではなく一つの統一体を形成している。機密に与からずして人は真のクリスチャンたり得ない。それは、機密を形式的な儀式としか見なさないなら、その人は真のクリスチャンたり得ないことを意味する。砂漠の隠修士は町の教会のクリスチャンより、領聖する頻度ははるかに少ない。しかしそれは、隠修士にとって機密がさして重要ではないというのではなく、たんに機密的生活のリズムが異なるにすぎない。確かに、神は洗礼機密に与らなかった人々も救い得る。神には諸機密は必要ない。しかし私たちのいのちは諸機密の内にある。

前章で修士聖マルコの言葉を紹介した。彼はそこで、苦行を引き受け神の奥義を追求する生活は、洗礼機密の内にすでに内包されていると述べていた。どれほど人がその道に進んでいようと、そこで見出されるのは洗礼の恵みの具体化、もしくは顕れ以上の何ものでもない。同じことは領聖についても言える。苦行による神の奥義追求の生活はその全体が、ハリストス救い主との聖体機密での結合の深化と実現である。正教会では幼児でも洗礼を受けたその日から領聖する。正教の信徒にとって最初の教会の思い出は、ハリストスの体と血を受けるために教会に連れて来られた時の記憶に他ならない。そして彼の生涯の最後の意識的な行動もまた、彼が望む通り、神の賜物である聖体血の受領であろう。だから、彼の領聖体験は、彼が自覚的に生きる生活と人生のすべての領域に及ぶ。クリスチャンがハリストスと一致しハリストスの内に入れられ、ハリストスと同じものに変えられ神を宿す者となるのは、すなわち神化されるのは、何よりもまず領聖においてである。クリスチャンが永遠性の最初の実りを受け取るのは、何よりもまず領聖を通じてである。「幸いなるかな、イイススという愛のパンを食べるものは」とシリアの聖イサアクは言う。「この世にあってすでに彼は、義人たちが死者たちの中からよみがえった後に享受する復活の大気を呼吸する[7]」「人間の努力の一切がここでその最終のゴールに達する」とニコラス・カバシラスは言う。「なぜなら、この機密《ミステリオン》の内で神ご自身を獲得し、神ご自身が私たちと、可能な全ての結合の中で最も完全な結合で一つになるからだ。……これは究極の奥義《ミステリオン》である。この奥義を超えてゆくことも、この奥義に何かを付け加えることもできない[8]」。

　霊的な道は教会的、機密的であるばかりでなく「福音的」である。これが正教信徒に欠くことのできない第三の前提である。その歩みの一歩一歩で、私たちは神が聖書を通じて語る声に導きを求めて向き合う。「砂漠の師父たちの言葉[9]」によると、「長老たちはよくこのように言った。『神はクリスチャンたちに彼らが聖書に耳を傾けること、そしてそこに語られたとおり実行すること以外の何も求めてはいない』と」。(しかし、「砂漠の師父たち」はまた、聖書の正しい適用を指導してくれる霊的な師父の言葉を聞く重要さも強調している)。「神を喜ばせるためにはどの決まりを守るべきでしょう」と問われて、エジプトの聖大アントニオスはこう答えた。「あなたが行く時にはいつもあなたの目の前にいつも神を見ていなさい。何をする時も、何を言う時もすべからく聖書の中に模範を持ちなさい。どこに住んでいようと他の場所へ移ることには慎重でありなさい。これらの三つを守りなさい、そうすればあなたは生きることになろう」[10]。モスクワの府主教フィラレートは「唯一の純粋で全く不足のない信仰の教理の源は、神が啓示する言葉であり、それは聖書に伝えられている」[11]。

聖イグナティ・ブランチャニノフは、修道士を志願して修道院にやって来る者を、次のように教導している。この教導は平信徒たちにもふさわしい。

修道院に入った最初の時から、修道士は彼にできるあらゆる心配りと注意を聖福音書を読むことに傾けなければなりません。福音書を入念に学び、その内容をいつも憶えているようにしなさい。道徳的判断のために、あらゆる行為、あらゆる考えのために、福音書の教えを離れず、終世、福音書を学び続けましょう。決して止めないで。たとえ福音書を全部暗記していても、もう十分知っているとは思ってはなりません[12]。

ところで、正教会は過去二世紀間、西方で展開されてきた聖書の批判的研究をどう評価しているのだろうか。人間の脳が持つ理性的な思考力は神からの贈り物である。それゆえ聖書の起源への学問的研究が許される領域は疑いなく存在する。しかし、そのような研究を十把一絡げに拒否するべきではない一方で、正教徒としてその全てを受け入れることもできない。常に目をそらさず心に留めておくべきは、聖書はたんなる歴史的文書の集成ではなく、神の言葉を伝える教会の書物であることだ。聖書は、孤立した個人として読んではならない。自分だけの個人的理解はもとより、起源や様式史また編集史についての最新の諸理論に照らして解釈されてはならない。私たちは聖書を、時代を超えた教会の他のメンバーたちとの交わりの内で、教会のメンバーとして読む。聖書解釈の最終的な基準は「教会の精神」である。それが意味するのは、聖なる伝統の中で聖書の意味がどのように説明され、適用されてきたのか、すなわち教父や聖人たちによって聖書がどのように理解され、奉神礼でどのように用いられているかを意識し続けることである。

聖書を読む時はいつも知識を集め、曖昧な章句の意味を探り、比較や分析に取り組む。しかしこれは二次的なことである。聖書の学びの真の目的はこれ以上のこと、ハリストスへの愛をはぐくみ、心を祈りへと燃え立たせ、自らの人生に導きを与えることである。聖書の言葉の学びは、「言葉それ自体」であるお方との、差し向かいの対話の場を創出するものでなければならない。ザドンスクの聖ティーホンは「福音書を読んでいる時にはいつも、ハリストスご自身があなたに語りかけています。その間、あなたは主に祈り、主と語り合っているのです」と教える(13)。

このように、正教信徒はゆっくりと注意深く聖書を読むよう促されている。聖書の学びはベネディクト会、またシトー会の修道生活にある「聖なる読書」lectio divinaと同様に、祈りへとまっすぐに導いて行く。しかし正教信徒には通常はこの注意深い聖書の読みのための細かい規則や方法論は与えられない。正教の霊的な伝統では西方の反宗教改革の潮流の中でイグナティウス・ロヨラやフランソワ・ド・サールによって念入りに作り上げられた「論弁的な瞑想」discursive meditation のシステムはほとんど用いられない。正教徒がそのような方法を通常は必要と感じない理由の一つは、彼らが参祷する奉神礼儀式、特に大祭と大斎の奉神礼の非常に長い祈りの中で、聖書理解の鍵となる章句《テキスト》とイメージが頻繁に繰り返されるからだ。礼拝に参加する者の霊的想像力はその中で十分にはぐくまれるので、教会の礼拝が差し出すメッセージを、毎日の形式的な「瞑想」の時の中で考え直したり展開させる必要はない。

祈りに満たされて近づくならすぐに気づくことだが、聖書は時の隔たりを超えて眼前にある。聖書はたんに遠い昔に集められた文書ではなく「今、ここにいる私」への直接のメッセージである。修士聖マルコはこう言う。「へりくだった思いで霊的な仕事に携わっている者は、聖書を読む時、そこで読むあらゆる事を他でもない自分自身にあてはめる[14]」。神によって特別に鼓吹された信徒一人ひとりに宛てられた書物として、聖書は読む者に恵みを伝える機密的な力を持ち、読者を出会いの場へ連れて行き、決定的な遭遇へと送り出す。聖書への学問的な研究は決して排除はされないが、聖書の真の意味は聖書を、論証的な知力もさることながら、むしろその霊的な知性で学ぶ人たちにのみ明らかになるだろう。

教会、機密、聖書、……この三つこそ、私たちの旅に不可欠な前提条件である。

次に、あの三つの段階――修徳的生活（徳の実践）、自然の観想、神の観想――について考えて行こう。

天国は激しく襲われている

この小見出しが暗示しているように、修徳的生活は私たちの側に努力、闘い、自由意志によるたゆみなき骨折りを要求する。「いのちに至る門は狭く、その道は細い。……わたしに向かって『主よ、主よ』という者が、みな天国に入るのではなく、ただ、天にいますわが父の御旨を行う者だけが、入るのである」（マタイ7・14、21）。二つの補い合う真理をバランスを失することなく保持しなければならない。神の恵みなしに私たちは何もなし得ない。しかし私たちの自発的な協力なしに神は何もなさらない。「人の意志は欠くべからざる条件である。なぜならそれなしに神は何もなさらないからである」(15)（エジプトの聖マカリオス講話）。私たちの救いは神の恵みと人の自由意志の一致の結果である。この二つは価値は同じではないが、共に不可欠である。その一致は神の主導的な働きかけへの人の応答である。神がなさることは人の働きとの比較が無意味なほど重要である。しかし人の関与もまた不可欠なのだ。

人の堕落以前の世界では、神の愛への人の応答は、全く自発的であり喜びに溢れていた。たとえ堕落した世界にあっても、神への応答の自発性とその喜びは失われることはないが、新たに必要となったものがある。原罪と自らの意志で犯した罪の結果として心身に深く根を張った習癖と傾向に対する断固とした闘いである。神への道を行く旅人に求められる最も重要な資質は、信仰がもたらす忍耐力である。登山家たちに求められる忍耐という資質は、神という山への登攀にも求められる。

人は自分自身に、その堕落した自己に、襲いかからねばならない。なぜなら天国は激しく襲われているから。そして「激しく襲う者たちがそれを奪い取っている」（マタイ11・12）。この道の案内者たちは繰り返しこれを教える。そして忘れてならないのは、彼らは修道士や修道女ばかりではなく、既婚のクリスチャンにも同じ様に教えることだ。「神は人に全てを要求する。――、全精神を、理性のありったけの働きを、あらゆる行動の一切を。あなたが死に際して救われることを望むなら、行って、全力を尽くしなさい。行って、働きなさい。行って、求めなさい。そうすれば見出すだろう。見て、扉をたたきなさい、あなたのために扉は開かれるだろう」[16]（「砂漠の師父たちの言葉」）。「今は休息と眠りのための時ではない。奮闘、闘い、商《あきな》い、学び、航海の時だ。だから全力を尽くしなさい、だらけて怠惰であってはならない。自分を聖なるわざに献げなさい」[17]（ワラームのナザリイ長老）。「努力無しには何ももたらされない、神の助けは常に用意され身近にある。しかしそれを求め探す人たち、あらゆる力をその試練に向けて注ぎ、心から『主よ、お助けください』と叫ぶ者たちだけに与えられる」[18]（隠遁者フェオファン）。平安は苦難を通して獲得される[19]（サーロフの聖セラフィム）。「休止は、退却と同じだ」[20]（ティト・コリャンデル）。それでも、この厳しさによって、私たちが打ちのめされないように、こうも言われる。「熱心に働く者には、全人生はたったの一日に過ぎない」[21]（「砂漠の聖師父たちの言葉」）。

骨折りと労苦についてのこれらの言葉は実際には何を意味しているのだろう。それは、生きた祈りを通じて日ごとに、自分と神との関係を新たに始め直すことだ。師父アガフォンが思い出させてくれる通り、祈りは全ての務めの内で最も骨の折れるものである。もしあなたが祈りの難しさを知らないなら、たぶん祈りをまだ始めていないのだろう。また、これらの言葉は、私たちが他の人々との関係を、行いの伴う思いやりで、さらに自分の意志を断念することで日々新たに始め直すことを意味する。わざとらしい一度限りのジェスチャーではなく、日々新たにハリストスの十字架を取ることを意味する。「だれでもわたしについてきたいと思うなら、自分を捨て、日々自分の十字架を負うて、わたしに従ってきなさい」（ルカ９・23）。そして、日々十字架を背負うことは同時に、日々主の変容と復活に与ることでもある。「死にかかっているようであるが、見よ、生きており、悲しんでいるようであるが、つねに喜んでおり、貧しいようであるが、多くの人を富ませ、何も持たないようであるがすべての物を持っている」（Ⅱコリント６・９―10）。

精神の方向転換

以上が修徳的生活の一般的な性格である。それは何よりも次の四つの特性によって特徴付けられる。悔い改め、慎重さ、識別力、そして心の見張りである。それぞれを手短かに見てみよう。「救いの始まりは、自分自身を責めることである」（エヴァグリオス）。悔い改めは旅の出発点の標識である。ギリシャ語の「メタノイア」（悔い改め）は先に述べたように、もとの意味は「精神の方向転換」である。正しく理解すれば、悔い改めは否定的なものではなく肯定的である。自己憐憫や悔恨ではなく回心、全人生を至聖三者へと向け直すことである。過ぎたことを悔やんで振り返ることではなく希望を持って前を向くこと、自分の欠点や至らなさに顔を伏せるのではなく、上を向いて神の愛を確かめることである。そのように成り損ねた自分ではなく、神の恵みによって、今や「そのように成れる自分」を見ることである。今見ていることに基づいて行動することである。悔い改めは、今差し込んできた光に向けて目を開くことである。だから悔い改めは一つの行動、最初の一歩に留まらず、継続してゆく状態、人生の最後まで絶え間なく更新されてゆく心のあり方と意志なのだ。スケーティスの聖イサイアによれば「神はわれわれに最後の息を引き取るまで悔い改め続けてゆくことを求めている」(22)。そしてシリアの聖イサアクは言う。「人生は悔い改めのために与えられた。他のことでそれを無駄にしてはならない」(23)と。

悔いることとは、目を覚ましていることである。悔い改め、精神の方向転換は人を「覚醒《ネプシス》」に導く。ここで用いられているギリシャ語「ネプシス」は、文字通りには「しらふであること」、「醒めていること」、薬や酒による意識朦朧状態の反対である。霊的生活の文脈では「注意深さ」「慎重さ」「想い起こし」を意味する。放蕩息子が悔い改めた時、彼は「我に帰った」(ルカ15・17)。「覚醒した」人間とは自分自身に立ち帰った者である。彼はもう白昼夢に耽《ふけ》らず、一時的な衝動に負けてあてもなく彷徨《さまよ》わず、向かうべき方向と目的を持っている。「真理の福音」(二世紀中ごろ、ナグ・ハマディ文書の一つ)は言う。「彼は酔いから醒め我に返った、……彼は自分がどこから来て、どこへ行こうとしているのかを知っている(24)」。
覚醒が意味するのは、何よりも「自分のいる所に、いる」こと、すなわち、この特定の場所《ここ》、この特定の時《いま》にいることである。私たちの思いは全く頻繁に、あれやこれや様々なことに気を取られ、四分五裂である。この現在《いま》を、この現在への注意深さにではなく、過ぎ去った時へのノスタルジアに、さもなくば将来への不安と手前勝手な夢想に、不用意にも委ねきって生きている。責任を持った将来への計画は必要だが（用心深さは無責任な軽率の反対である）、それは今この時の状況に関わる限りにおいてのみ考慮すべきである。今の自分にはどうにもできない遠い将来の可能性についての不安は、霊的なエネルギイのまったくの浪費に過ぎない。

「醒めた」人は「今、ここ」に集中する。そういう人は「時（カイロス）」、すなわち決定的なチャンスの瞬間をつかむ。C・S・ルイスが「悪魔の手紙」で言っているように、神は人に二つのことに心を向けるよう求める。「永遠そのもの、そして人が現在《いま》と呼ぶ、その時の一点である。なぜなら、現在《いま》は時が永遠に触れる場であるから。現在《いま》のこの瞬間、そしてその瞬間にのみ、人は神が『現実』として所有する体験を全体的に手に入れる(25)」。マイスター・エックハルトが教えるように、「つねに、今この現実の中に生きる者に、神は止むことなく、その御子を生む(26)」。

「醒めた人」はこの「この現在《いま》」の機密性を理解し、それによって生きようと試みる者である。パーヴェル・エヴドキモフは「醒めた人」は自らにこう言うと述べている。「今おまえが通り過ぎていく時間、今ここで出会う人、この瞬間おまえが携わっている仕事、これらはいつもおまえの人生の中で最も大切なものだ[27]」。醒めた人はラスキンの紋章に記されたモットー「今日《today》、今日」を自らのものとする。「砂漠の師父たちの言葉」にはこうある。「最後の息を引き取るまで人に呼びかけ続けられる声がある。『今日、回心しなさい[28]』」。

覚醒と自分への認識に育まれて、この道を行く旅人は識別ないし洞察の力（ディアクリシス）を獲得し始める。これはいわば霊的な味覚だ。生理的な味覚が、それがもし健康であれば、人に直ちに食べ物が黴びているかどうかをすぐに教えるように、霊的な味覚は、それがもし苦行的努力と祈りによって発達していれば、人に自らの内にある様々な思いと衝動的な欲念との区別を可能にする。彼は悪しきものと良きものとの違い、過剰と意味に満ちた豊かさの違い、悪魔によって吹き込まれた幻想と天上的な原型がその創造的な想像力にもたらしたイメージの違いを学ぶ。

　識別力によって人は自分の内に起きていることにさらに注意深くなる。彼は心を守ることを身につけ、敵からの誘惑や挑発に対して心の扉を閉ざす。「油断することなく、あなたの心を守れ」（箴言4・23）。正教会の霊的な文書が「心」について何か述べていたら、それは完全に聖書的な意味で理解されねばならない。「心」が意味するのは、たんに胸部に備わった身体的な器官、また単なる感情と性行ではなく、人間存在の霊的な中心、神の像に創造されたものとしての人間の人格、すなわち人の最深奥にある最も真実な自分、犠牲と死によってのみ入ってゆける内面の神殿である。このように心は、すでに触れた「霊的知性《ヌース》」と密接に関係している。いくつかの文脈の中では二つの用語はほとんど相互交換可能である。しかし「心」には「知性」よりももっと包括的な意味がある。正教の伝統では「心の祈り」は知性、理性、意志、愛、そして身体的な「からだ」も含んだ人格全体によって献げられる。

「心を守る」ために決定的なのは、情念と闘うか否かである。ここで言う「情念」は性的な欲情だけではなく、魂を捉えて放さない制御しがたいあらゆる欲求や熱望、すなわち怒り、嫉妬、貪り、強欲、権力の希求、高慢……を意味する。師父たちの多くは、情念を本質的に邪悪なもの、人間の真の本性とは無縁な内的な病と見なす。しかし彼らの内のある者たちは、もう少し肯定的に、情念を元来は神が人に付与した欲求と捉える。だから今は罪によって歪められてはいるものの本来は善きものと見なす。この第二のより込み入った見方からすれば、私たちの「闘い」の目的は情念の抹殺ではなく、そのエネルギイを別のものへと向け変えることだ。押さえきれない憤怒は正義の憤りへと、執念深い嫉妬心は真理への熱意へと、性的な欲求は浄化された熱情としてのエロスへと変えられねばならない。情念は抹殺されるのではなく浄化されねばならない。根絶されるのではなく躾けられ、否定的にではなく肯定的に用いられねばならない。自分自身に対しても、他者に対しても、それらを「押さえつけろ」ではなく「変容せよ」と言うべきである。情念を浄化するための努力は魂と身体の両面で実行される必要がある。魂においては、情念は祈りによって浄化される。告解と領聖の機密に定期的に与ること、毎日の聖書の読み、善なることへ思いをはせて精神を養うこと、他の人々のための愛の奉仕の実行によって。身体においては、何よりも斎《ものいみ》（断食）と節制によって、そして祈りの際の頻繁な伏拝によって浄化される。正教は人は天使ではなく身体と魂の結合であることを知っているので、身体的な行為である斎の霊的な価値を力説する。私たちが斎するのは、飲食それ自体に何か「汚れ」を見ているからではない。逆に食べ物と飲み物は、神の贈り物であり、贈られた私たちは喜びと感謝とをもってそれを享受すべきである。私たちが斎するのは神の贈り物を軽視するからではない。私たちにそれが贈り物であることを気づかせるため、私たちの飲食を浄化し、もはや放恣な食欲をなだめるためでなく、それを贈ってくれた神との交わりの機密、手段とするためである。このように理解されれば、禁欲的斎は「身体」にではなく、「肉」に向けられる。その目的は身体を破壊的に弱めることではなく、からだをいっそう霊的なものへと創造的に変えてゆくことである。

情念の浄化は最終的に、神の恵みによって、エヴァグリオスがアパティアと呼ぶ「不受動心」へと導かれてゆく。彼がこの言葉で意味しているのは、誘惑に駆られることのない「無関心」や「無感覚」といった否定的な状態ではなく、もはや誘惑に屈しない再統合された精神とその霊的自由という肯定的な状態である。アパティアは、「浄化された心」と訳すのが最もふさわしいだろう。それは不安定から安定へ、裏表のある心から無邪気な心、すなわち心の純一さへ、恐れと疑いによる未成熟から無垢と信頼による成熟への前進を意味する。エヴァグリオスにとって、不受動心《アパティア》と愛はコインの表裏のように密接に統合されている。もし色情を抱くならそこには愛はない。不受動な心はもはや自己中心性や野放しの欲望から自由である。人はその時始めて真の愛によって愛することができる。

「不受動的」な人物は、実は無気力《アパシー》からはほど遠い。彼の心は神への、他の人々への、生きとし生けるものへの、神がお造りになった全てへの愛に燃えている。シリアの聖イサアクはこう述べている。

このような心を持つ者が、被造物に思いをはせ、それらを見るときには、彼の心は激しい同情で揺さぶられ、彼の目は涙で溢れる。そのような人の心は優しさで溢れ、どんな被造物であれそれが負わされた、どんな負傷にも、たとえそれがほんの小さな苦しみでも、それについて聞くことも見ることも耐えられない。それゆえどんな愚鈍な獣でも、真理に敵する者でも、真理を害する者でも、彼らが守られ、神の憐れみを受けられるように涙を流しながら祈り続けてやめない。たとえ蛇であっても、彼はその為に深い同情を持って祈る。その同情は終わることなく、神の似姿に従って、彼の心にわき上がる。(29)

被造物から創造主へ

三つの道での第二段階は自然界への観想である。より正確には、神にあっての自然界の観想、ないしは自然界において、また自然界を通じての神の観想である。このように、第二段階は第三段階へ昇ってゆくための前奏曲《プレリュード》と手段である。神が創造した事物の観想によって、「祈りの人」

は神それ自体の観想へと連れて行かれる。この「フィジキ」、すなわち「自然の観想」である第二段階は、すでに述べたように、必ずしも「プラクティキ」（修徳的生活）に引き続くとは限らず、同時ということもあり得る。

「ネプシス」すなわち覚醒なしに、いかなる種類の観想もあり得ない。自分がいる所に、この今の瞬間に、この今いる場所に集められて、そこに存在することを学ばない間は自然界も、神も観想し得ない。立ち止まれ、見よ、耳を傾けよ。観想はこう始まる。自然界の観想は文字通りにもまた霊的にも目を開き、自らの周囲の世界に気づくことから始まる。ほんとうの世界、すなわち神の世界に気づくことから。観想する者は、「燃える柴」を前にしたモーセのように（出エジプト3・1―6）、彼の履き物を脱ぐ。つまり馴染んではいるが退屈で死んだような状態を自分から脱ぎ去り、自分が今立っている場所が聖なる場所であることに気づく。自然界の観想とは、聖なる空間と聖なる時の次元に気づくことである。この気づきにあっては、この物質的なもの、自分が今対話しているこの人物、時のこの一瞬がいずれも聖なるものであり、いずれもが繰り返し得ないたった一度きりのあり方で、限りない価値を担い、いずれもが永遠への窓として働く。自分の周りにある神の世界に敏感になってゆくなら、自分自身の内なる神の世界もいっそう意識されてくる。神の内に自然界を見始めると、自然界の秩序の中での一人の人間としての自分独自の位置がわかり始める。小宇宙《ミクロコスモス》であること、媒介者であることがどういうことか理解され始まる。

これまでの諸章で、この自然界の観想のための神学的な基礎はすでに示してきた。全ての事物には神の造られざるエネルギアが浸透し、その存在が保持されている。全ての事物は神の存在を、仲立ちとして人に伝える「神現《テオファニィ》」である。それぞれの事物の中心には、その内的な原理すなわちロゴスがあり、それは造物主たる「ロゴス」によって、それぞれの事物に刻み込まれたものだ。ロゴイ（ロゴスの複数形）を通じて私たちは「ロゴス」との交わりに入る。神はあらゆるものの上にあり、あらゆるものを超えている。それでであってなお、造物主として神は常にあらゆるものの内にいる。すなわち汎神論的にではなく「万有内在論」的に。そして自然界の観想は、ブレイクの言葉によれば身体的、霊的の両面での知覚の窓の浄化であり、それゆえに神が創造したあらゆるものに神のエネルギーとロゴスを見出すことである。それは推論的理性を通じてというよりむしろ霊的な知性によって見出される。全宇宙は宇宙的な燃える芝である。それは神の炎のただ中にあって燃え尽きない。

これが神学的な基礎である。しかし自然界の観想には倫理的な基礎も必要である。徳を実践し戒めを全うして第一の段階で進歩しないなら、この道の第二の段階で進歩できない。自然界の観想は、修徳的生活にしっかり足を置いていなければ、たんなる美学的また空想的なものになってしまい、真に精神的、霊的な水準へ高まってゆかない。徹底的な悔い改め、絶え間ない精神の転換なしに、神の世界への知覚は生まれない。

自然界の観想には相応《あい》ずる二つの側面がある。それはまず特定の事物、人物、瞬間の「かくあること」すなわち「独自性」への十分な理解を意味する。一つ一つの石ころ、葉っぱ、ガラス片、カエル、人の顔を、それはほんとうは何か、その特定の存在のすべての特徴と度合いにおいて、見定めなければならない。預言者ゼカリヤが警告しているように、「小さいことの日をいやしめ」てはならない（ゼカリヤ4・10）。オリヴィエ・クレマンは「真の神秘主義は日常性の中に非日常性を発見する」と言う。存在するものは何であれ、卑小で取るに足らないものではあり得ない。なぜなら神の手仕事として、一つ一つの事物は神の創造の秩序にかけがえない位置を占めている。罪だけが、堕落した罪深いテクノロジーの産物と同様に、卑しく些末なものである。しかし罪はすでに述べたように、現実に存在する事物ではない。罪深さの結果産まれたものは、それらの明白で強固な「現実性」にもかかわらず、罪と同様に非実在性を分かち合っている。

第二に、自然界の観想はあらゆる事物、人々、瞬間を神の「しるし」また「機密」として見る。霊的な視界の中で事物の一つ一つを、その個々の存在の輝かしさの中でひときわ際立つ、くっきりとした浮き彫りとして見るだけではなく、それらの被造物の内に、またそれらを通じて神が姿を現す「透明体」としても見なければならない。個々の事物の独自性を発見することで、私たちは、それぞれの事物がどのように、それ自体を超えて、それを創造したお方を指し示しているかを見つけ出す。ヘンリ・スソの言葉によれば、人はそのようにして外面の内に内面を見ることを習得する。「外面の内に内面を見ることができる者、彼にとっては、内面の内に内面を見るだけの者にとってより、その見る内面はいっそう深い内面なのである(30)」。

自然界の観想のこれら二つの側面は、ジョージ・ハーバートの詩「霊薬」で見事に指し示されている。

我が神、我が王よ、教えてください。
あらゆる物の内に、あなたを見ることを。
そしてわたしが何をしても、それはあなたとの関わりであることを。

窓ガラスを見ているなら、
ガラスに目を留めているだけでもいいが
願わくは、窓ガラスを通して大空を、
いやむしろ天を見つけだしなさい。

「窓ガラスを見る」とはそれぞれの事物の「独自性」、強固な現実性の感知である。「窓ガラスを通して見る」、そして天を見つけ出すとは、事物を透かして、いやむしろそれを超えて、神の存在を発見することである。世界へのこの二つ眼差しの向け方は互いに強め合い補い合う。創造物は私たちを神に導く、そして神はもう一度私たちを創造物へと連れ戻し、パラダイスでのアダムの眼差しで自然を見させてくれる。神の内にあらゆる事物を見て、他の方法では決して手に入らない明瞭さで創造物を見つけだすからだ。

他のすべてに「世俗的」というラベルを貼り付けて、限られた「宗教的」事物や状況の内側だけにこの世への神の臨在を閉じ込めてはならない。あらゆる事物を本質的に神聖なるもの、すなわち神からの贈り物、神との交わりの手段と見なければならない。しかしそれは堕落した世界のあるがままの姿での受容ではない。それは今日の西方世界で多くの「世俗主義的キリスト教」が犯している不幸な誤ちである。すべての事物は確かにその真のあり方、最も深い本質にあっては「神聖」なるものである。しかし人の神の創造物との関係は、原罪また自作罪を問わず人の罪によって歪められている。この本質的な神聖さは、私たちの心が清められない限り取り戻せないだろう。自己否定なしに、禁欲的訓練なしにこの世の真の美を確かめることはできない。悔い改めなしに神聖なる自然界への観想があり得ない理由である。

自然界の観想は、神をあらゆる事物の中だけでなく、あらゆる人々の人格の中にも見つけ出す。聖堂や家庭で聖なるイコンを拝する時、男も女もそれぞれの人が神の像《イコン》を生きていることに思いを馳せなければならない。「わたしの兄弟であるこれらの最も小さい者の一人にしたのは、すなわち、わたしにしたのである」（マタイ25・40）。神を見つけるためには、この世を去ることも、自分を他の人々から切り離すことも、ある種の神秘的な空間に閉じ込めることも必要ではない。反対に、ハリストスは私たちが出会うすべての人々の眼差しを通じて、私たちを見つめている。ひとたび、ハリストスの宇宙的な実在を認識したなら、隣人への実践的な奉仕はすべて祈りのわざとなる。

観想は得がたい高尚な賜物だと当然の如く思われ、実際にその完成された水準ではその通りである。しかしそれでも観想的な心の姿の種子はどんな人々の内にもある。人はこの時この瞬間から、この世界が神の世界であり、神は眼で見、手で触ることのできる身近なあらゆる物、出会うあらゆる人と共に、自分のすぐ傍らにいらっしゃることを感じながら、この世界に生き始めることができる。どんなに気ままで不完全であれ、その時、人はすでに観想的な道へと歩み入っているのだ。

イメージを排した沈黙の祈りが全く自分の能力を超えているのに気づく多くの人々、また聖書や祈祷書のおなじみの句がだんだん無味乾燥に思えてきた人々でも、自然界の観想を実践することで内的生活を刷新してゆける。被造物という書物に神の言葉を読み込み、すべての事物に神の署名を発見することを身につければ、聖書と祈祷書に神の言葉を読むことに帰って行った時、おなじみの句にあらためて新鮮な深い意味を見つけ出せる。自然界と聖書はお互いに補足し合うのである。シリアの聖エフレムの言葉に耳を傾けよう。

どこに眼をめぐらせても、そこに神の象徴がある。
何を読んでも、あなたはそこに神の刻印を見つける。
自然界と聖書が互いに関わり合っている事を見て理解しなさい。
自然界の主を讃栄せよ

聖書の主に栄光を帰せよ[31]。

言葉から沈黙へ

自然界に神を観想すればするほど、神は自然の上にあり、また自然を超えていることを悟る。チャールズ・ウィリアムズはすべてのものに神の痕跡を見出して「これも汝なり、またこれも汝に非ず」と言う。霊的な道の第二段階は、人を神の助力により第三の段階へと導いてゆく。そこではもはや人は神をその創造物を媒介として知るのみではなく、神との直接的な、何ものをも介さない一致の内に知る。

正教の伝統を伝える霊的な師父たちが教えるように、第二から第三の段階への移行は、祈りの生活への否定主義《アポファティック》的な方法の適用によって達成される。聖書と奉神礼のテキストには、そして自然界には、数え切れないほどの言葉と表現によって神のイメージと象徴が差し出されている。私たちは祈りの内にこれらの言葉、イメージや象徴に深く思いをめぐらして、そこから豊かな価値を引き出すよう教えられている。しかしこれらは生ける神についての真実そのものを表現できないので、この肯定主義《カタファティック》的な祈りを、否定主義的な祈りによってバランスさせるよう促される。エヴァグリオスが言うように、「祈りは諸々の思念の駆逐[32]」である。もちろんこれは祈りについての完全な定義と見なされてはならず、人を「道」の第二段階から第三段階へと導くような祈りに関してのことである。すべての人間的な言葉と思念の向こう側にある永遠の真理へと手を伸ばしつつ、探求者は静寂と沈黙の内に神を待つ。もはや神についても、神に向かっても語らず、ひたすら耳を澄ます。「静まって、わたしこそ神であることを知れ」（詩篇46・10）。

この静寂と内面の沈黙をギリシャ語で「ヘシキア」と呼び、この静寂の祈りを探求する者たちはヘシカストと称される。ヘシキアは内的な静けさに結びついた精神の集中を意味する。これはたんに会話や外的な行動の停止として否定的な意味合いでのみ理解されるのではなく、人の心が神の愛へ向けられて「開かれていること」として肯定的に捉えられねばならない。言うまでもないが、ごく少数の人を除き、ほとんどの人々にとってヘシキアは永続する状態ではない。ヘシカストは静寂の祈りに入ってゆくのと同じように、共同の奉神礼的礼拝、聖書の読み、機密の拝領など祈りの他のかたちも用いる。否定主義的《アポファティック》な祈りは肯定主義的《カタファティック》な祈りと共存し、互いに強め合う。否定の道と肯定の道は排斥し合うのではなく補い合う。

しかし、どのようにして「話す」のを止め、「聞く」ことを始めればよいのだろう。これを身につけるのは至難のことである。「何も思うな」と自分自身に命じてもほとんど利益はない。強い意志の力で思念のとりとめのない彷徨《さまよい》を停止させるのは容易ではない。絶えず休みなく動き回っている精神は人に一定の「仕事」を要求する。精神は止むこと無く働いていようとする。この欲求を沈黙させるのは困難である。もし霊的な戦略が全く否定主義的であれば、すなわち、もし精神を何か他の代替的な働きに差し向けることなく、意識的な思いをすべて心から排除しようとすれば、気がつけばいつの間にか空虚な白昼夢への耽溺に帰着しかねない。精神には自らを働かせ続け、それでもなおその働きそれ自体を超えて静寂に手を伸ばしてゆくための一定の「仕事」が必要である。そのために正教会のヘシカストたちの伝統は、ある「短い祈り（射祷）」の繰り返しを「仕事」として伝えている。最も一般的なのは「イイススの祈り」、……「主イイスス・ハリストス神の子や我罪人を憐れみ給え」である。

イイススの祈りを唱える時はできる限り、どんなものであれ特定のイメージや画像を心に抱かないようにと教えられる。ニュッサの聖グレゴリオスは「花婿は近くまで来ているが、姿は現さない」[33]（『雅歌講話』第10講話）と述べる。イイススの祈りはハリストスの生涯の様々な出来事への想像に富んだ瞑想を助けるための枠組みではない。しかし全注意力をイメージから離す代わりに、その言葉の上に、いやむしろその内側に集中しなければならない。イイススの祈りはたんなる心を眠らせてしまう呪文ではなく、意味に満ちたフレーズであり、一人のお方《ペルソナ》への嘆願である。その目的は心の和らぎではなく注意深さ、目を開けたままの微睡《まどろ》みではなく生きた祈りである。そして、「イイススの祈り」は機械的に繰り返されるのではなく、内的な目的をもって祈られなければならない。それでも同時にその言葉は緊張、激情、またわざとらしい強勢《アクセント》なしに発せられなければならない。私たちの霊的な小包にかけられた紐はしっかり結ばれ、ゆるんでいてはならない。しかしだからといって、小包を破ってしまうほどきつく縛ってもいけない。

普通「イイススの祈り」を唱えるにあたって三つの段階ないし程度が区別される。まずこの祈りは「唇の祈り」として始まる。すなわち口頭でとなえられる祈りである。その後、祈りはより内面化される。「知性の祈り」、精神の祈りの段階である。最後は知性は心の中に降りてきて心と結ばれ「心の祈り」となる。もっと正確に言えば「心における知性の祈り」である。この段階に達した時、この祈りは全人格的な祈りとなる。もはや、祈る者が思ったり、言ったりする何かではなく、祈る者の人格それ自体である。なぜなら霊的な道の究極的な目的は、「時々祈りを唱える人」ではなく、「どんな時も祈りそのものである人」となることだ。すなわちイイススの祈りは特定の祈りの行為の連続として始まるが、その最終目的は途切れることなき祈りの「状態」を、祈る者の内に打ち立てることである。それは他の活動をしている間にも、絶えることなく続く。

このように「イイススの祈り」は他の祈りと同様口頭の祈りとして始まる。しかし同じ短い句のリズミカルな繰り返しはヘシカストに、彼の唱える言葉の非常な単純さのおかげで、あらゆる言語とイメージを飛び越えて神の神秘へと進んでゆけるようにする。このようにして「イイススの祈り」は神の助力を得て、西方の著作家たちが「愛の配慮の祈り」「単純な眼差しの祈り」と呼ぶものへ高められてゆく。そこで魂は、次々と去来するイメージ、考え、感覚から自由になって、神の内に安らぐ。さらにそこを超えた段階がある。そこではヘシカストの祈りはもはや彼自身の努力の結果ではなく、正教の著作家たちが時に「自動的な祈り」、西方の著作家たちが「注ぎ込まれた祈り」と表現するものになってゆく。言い替えれば「わたしの祈り」は終わり、程度の違いはあっても我が内なるハリストスの祈りとなる。

しかし、この口頭の祈りから沈黙の祈りへの、すなわち意識的な祈りから自動的な祈りへの推移が速やかに、たやすく成し遂げられると考えてはならない。「巡礼者の道」の匿名の語り手は実際にイイススの名を呼び始めてわずか数週間の後に、たびたび「自動的な祈り」を恵まれたが、彼の場合は極めて例外的であり、決して標準ではない。通常は、「イイススの祈り」を唱える人たちには時折、恍惚の瞬間が恵まれるが、それは予期せぬ自由な贈り物である。祈りの言葉が背景に呑み込まれて、あるいは全く消え去って、かわりに神の臨在と愛の直接的な感覚に包まれても、大多数の人たちにとってこの体験は短時間の「垣間見」に過ぎず、継続的な状態とはならない。どんな場合でも、愚かさの極みは神の直接的なわざの実りとしてしか実現しないことを、人工的な手段で引き起こそうと試みることだ。聖なる名を呼ぶ時に最も良いのは、祈りの言葉の暗唱へのあらゆる努力の集中である。未熟な者が、言葉から自由な「心の祈り」を手に入れようとすれば、気がつけば自分が半分眠った状態で座り込んでいるにすぎないのを思い知らされる。それは祈りからはほど遠い。階梯者聖イオアンネスの次の助言に従おう。「あなたの精神を祈りの言葉の中にしっかりと集中しよう[34]」。他のことは神が取りはからってくれるだろう。どんな風にか、どんな時にかは神に「お任せ」だ。

神との一致

神学においてであれ、祈りの生活においてであれ否定主義的な方法の性格は一見否定的に思えるが、その最終的な目的はこの上なく肯定的である。思念とイメージをはぎ取ってゆくことで、空虚にではなく、人間の精神が思い描き得る、また表現し得るすべてを凌ぐ豊かさへ導かれてゆく。否定の道はタマネギの皮むきよりむしろ彫刻の制作に似ている。タマネギの皮を次々と剥いでゆくと最後にはタマネギは無くなって何も残らない。しかし彫刻家は大理石の塊を削ってゆくことで、肯定的な結果へ向かう否定を実践している。彫刻家は不揃いの石屑の山を築くために塊を小さくしてゆくのではない。石の塊をばらばらに壊してゆくという明らかに破壊的な行動によって、彼は最後には理解可能な「かたち」を彫り出す。

それは否定主義的方法のより高い段階である。肯定するために否定する。あることが「～である」と言うために、それは「～ではない」と言う。否定の道は結局は、何ものをも凌ぐ肯定の道へ帰結する。言葉と概念をわきに置くことは、神的な神秘へと飛び込む踏み板、トランポリンとして働く。否定主義的神学は、その真の完全な意味で、不在ではなく存在へ、不可知論ではなく「愛による一致」へと私たちを導く。それは肯定的な陳述に否定によってバランスをもたらすためのたんなる言葉の行使をはるかに超えている。その目的は、神について否定的であれ肯定的であれ、語り得るすべてを無限に超越している「お方《ペルソナ》」としての神との、直接的な出会いである。

否定主義的なアプローチの真の目的である「愛による一致」は神のエネルギアにおける一致であり、神の本質における一致ではない（第一章「神秘としての神」参照）。至聖三者と藉身について先に述べたことを念頭に置けば、一致を三つの異なった種類に区別できる。

第一に、至聖三者の三つの位格には「本質における一致」がある。父と子と聖霊は「本質において一」である。しかし神と聖人たちとの間にはそのような一致は生じない。たとえ「神の如く」であっても、「神化」されても、聖人たちは至聖三者の新たな一員にはならない。神は神に留まり、人は人に留まる。創造するお方と創造された者との間の区別は決して踏み越えられない。この違いは互いの愛によって橋渡しされるが廃棄されない。神が人をどんなに近くまで招き寄せても、神は「聖なる他者」である。

第二に、藉身したハリストスの神性と人性との間には位格《ヒュポスタシス》による一致、位格的一致《ヒュポスタティックユニオン》、言い替えればペルソナ的一致がある。ハリストスにあって「神であること」と「人であること」が結合され、それは一つのペルソナを構成する、あるいは一つのペルソナに属している。もう一度言おう、神と聖人たちの間にある一致はこのようなものではない。神と人の魂との間にある神秘的な一致には、二つのペルソナが関与するのであって、一つではない。（もっと正確に言うと、四つの位格がある、一つは一人の人間の位格、三つは至聖三者の三位格である）。それは「我と汝」の関係性である。どんなに「我」が近くにいようと「汝」は依然として「汝」にとどまる。聖人たちは神の愛の深淵に飛び込んでいったが、そこに呑み込まれはしなかった。「ハリストスに似る者になってゆくこと」は自己の消滅を意味しない。「来るべき世」で神は「すべてのものにあってすべて」（Iコリント15・28）となる。しかしその時でも「ペテロはペテロ、パウロはパウロ、フィリピはフィリピ」であり続ける。それぞれの者がそれぞれの本性とペルソナ的自己同一性を保ちつつ、彼らすべてが聖霊に満たされる」(35)（聖マカリオスの講話）。

それゆえ神と神が創造した人間との一致は本質によるのでも位格によるのでもない。最後に残ったのはエネルギアによる一致である。聖人たちが神になる（「神化する」）のは、本質によってでも、神と一つのペルソナとなることによってでもない。神のエネルギア、すなわち神のいのち、力、恩寵、栄光に与るのだ。エネルギアはすでに力説したように対象化できない。神と人を仲介するもの、また神がその被造物に授ける特定の「事物」や賜物ではない。エネルギアは真に神ご自身である。この神ご自身は自らの内、その内的ないのちの内に存在してそこに留まるのではなく、自らの外へ向かってゆく愛の内にご自身を伝える。神のエネルギアに与る者は、神ご自身と面と向かって出会う。それは被造物として可能な最大限の直接的・ペルソナ的な愛の一致である。人は神の本質にではなく神のエネルギアに与る。その意味は、その時、人と神の間に実現するのは一致であって「混合」ではないことだ。それは可能な限り文字通りに、またあからさまに言うなら、一方で汎神論を拒否しつつも「神のいのちは私のいのち」と断言することだ。神はあくまで他者である。しかし同時に、神ほど近くにいるお方はいない。

暗黒と光

人のどんな想像も描写も超絶した「エネルギアによる一致」を語る時、聖人たちは当然にも、逆説的かつ象徴的な言語を用いてきた。人の言葉は時と場所の内にある対象の描写には適合しているが、その際でも対象を完全に表現しつくせない。まして無限なもの、永遠なものについては、人の言葉はそれを指し示すか暗示することしかできない。

教父たちによって用いられてきた二つの主な「しるし」ないし「象徴」は暗黒と光である。もちろん神それ自体は光でも暗黒でもない。それらは比喩や類比である。どちらの「しるし」を好むかで、神秘的著作家たちを「夜派」と「太陽派」に分類できるだろう。ユダヤ人著作家フィロンに依拠するアレクサンドリアの聖クリメント、ニュッサの聖グレゴリオス、アレオパギトの聖ディオニシオスは「暗黒」のしるしを好む。オリゲネス、神学者聖グレゴリオス、「マカリオスの講話」、新神学者聖シメオン、そして聖グレゴリオス・パラマスは、おもに「光」のしるしを用いる。神に当てはめられる「暗黒」表現の起源はシナイ山頂でのモーセの描写である。その時、モーセは「神のいる濃い闇」の中へ入った（出エジプト20・21）。ここで、神は闇であるとは言われず、闇の内に神がいると言われている意味は深い。闇は神の不在や非現実性ではなく人間の精神は神の内的本質を把握できないことを指し示している。暗黒は私たちの内にあるのであって、神の内にではない。

「光」表現のそもそもの基盤は、ヨハネの福音書の次の節である。「神は光であって、神には少しの暗いところもない」（Ⅰヨハネ1・5）。神は何よりもタボル山でのハリストスの変容によって光として示された。その時「その顔は日のように輝き、その衣は光のように白くなった」（マタイ17・2）。三人の弟子たちが山頂で目撃したこの神の光を、多くの聖人たちもまた祈りのただ中で見た。これは、神の「造られざるエネルギア」以外の何ものでもない。すなわち、タボルの光は物理学的な造られた光ではない。純粋に形而上学的な「知性の光」でさえない。非物質的ではあっても客観的に実在する現実である。神的光として「造られざるエネルギア」は人間の描写能力を超えている。そしてこれらのエネルギアを「光」と呼ぶとき、人は必然的にしるしと象徴としてこの語を用いている。そのエネルギアそのものはたんに象徴ではない。それらは真正なる実在である。しかし言葉では描写できない。それらを「光」と呼ぶ時、私たちは最も誤解されにくい用語を用いている。しかしそれらの表現は文字通りに解釈されてはならない。

物理的な光ではないが、その神的光は人によってその物質的な目を通して見られ得る。もっとも、その人の感覚が神の恵みによって変容されていればのことだが。自然的な感覚の力によらず、その人間の内に働く聖霊の力によって見られるのである。

「身体は魂と同時に神化される」[36]（表信者聖マクシマス）。神の光を目の当たりに見る者には、その光が余すところなく浸透してゆく。それによって彼が観想する栄光は、彼の身体を輝かせる。彼自身が光となる。ウラジミル・ロースキィが次のように述べるとき、そこにあるのはたんなる比喩ではない。「恵みの炎が、聖霊によってクリスチャンたちの心に点火する時、彼らを神の子の前のロウソクのように輝かせる」[37]。「聖マカリオスの講話」はこの人間の身体の変容についてこう断言する。

主の身体が、高い山に登った時、神の栄光と無限の光に包まれて変容し、栄化されたのとちょうど同じように、聖人たちの身体もまた栄化され、稲妻のように輝く。「わたしはあなたからいただいた栄光を彼らにも与えました」（ヨハネ17・22）。多くのランプが一つの炎から灯されてゆくように、聖人たちの身体もハリストスの肢体として、他でもなく、ハリストスと同じものであらざるを得ない。……私たちの人間本性は神の力の内に入れられ変化し、炎と光として燃え立つ(38)。

東西を問わず、聖人たちの生涯にはそのような身体の栄化の例が非常に多くある。モーセがシナイ山の暗黒から降りてきた時、彼の顔は輝きを放っていた。誰もそれをまともに見ることができなかったので、彼は人と話をする時、顔にベールをかけなければならなかった（出エジプト34・29—35）。「砂漠の師父たちの言葉」は、弟子が師父アルセニウスの庵室の窓から中をのぞき込むと、そこには全身炎のように燃えている老人がいたと伝えている。師父パンポについてはこう伝えている。「神は、彼に栄光を与えた。そのため誰も彼の顔を見つめることができなかった」(39)。千四百年後、ニコライ・モトヴィヨフは彼の長老であったサーロフの聖セラフィムとの対話の様子を次のように語っている。「太陽の中心で、真昼の日差しの目がくらむような輝きの中で、あなたに語りかけている人の顔を想像してほしい」(40)。

何人かの著作家は光と暗黒を結びつけている。ヘンリー・ボーガンは神における「眩《まばゆ》いばかりの暗黒」を語り、聖ディオニシオスは「神の暗黒から射す光線」という言葉を用いる。ディオニシオスは別の箇所で「神の暗黒は神がそこに住まうと言われる近づき得ない光である[41]」とも言う。そのような言葉には自己撞着は一つもない。神にとって「やみも光も異なることはない」（詩篇139・12）からだ。ヤコブ・ベーメが言うように「闇は光の欠如ではなく、目もくらむような光から来る恐怖[42]」である。もし神が暗黒に住まうと言われるなら、その意味は神の内には何か欠如や不足があるということではない。神は人の理解を超えた栄光と愛の充満である。

祈りは、すべてにおいて試金石である。もし祈りが正しければすべてが正しい。(43)

隠遁者聖フェオファン

「神に近づきなさい。そうすれば、神はあなたに近づいて下さるであろう」（ヤコブ4・8）。私たちにとってはそれが始まりである。一歩神へと歩みを進めれば、神は十歩近づいてくれる。放蕩息子を、遙か彼方から見つけた父は、憐れみにかられて走り寄り、息子を抱きしめた。(44)

ティト・コリャンデル

魂が成長すればそれだけ、敵対者たちは強大となる。魂は彼らと闘わなければならない。祈りの時に、その闘いが峻烈なものとなるなら、あなたは幸いだ。

その闘いであなたが血を流さないうちに、自分が何か徳を身につけたと思ってはならない。

死の時まで、眠りこけたり、うたた寝してしまうのを許してはならない。止むこと無く骨折って働きなさい、終わりなきいのちを享けるまで[45]。

ポントスのエヴァグリオス

ある修道士が尋ねられた。「あなたは修道院で何をしているのですか」。彼はこう答えた。「倒れては立ち上がり、倒れては立ち上がり、また倒れては立ち上がります[46]」。

ティト・コリャンデル

謙遜と自己卑下によって自分自身を完全に十字架にはり付けなければ、不正、蔑み、あざけりを忍んですべての人たちに踏みつけにされ、嫌悪されるまで身を投げ出さなければ、これらを主のために喜んで忍び、何であれ、いかなる種類の人間的な報償、すなわち栄光、名誉、食べ物飲み物の快楽そして衣服などを断念しなければ、真のクリスチャンにはなれない[47]。

修士聖マルコ

もしあなたが勝利を得たいなら、自らハリストスの受難を味わいなさい、それはハリストスの栄光を味わうよう選ばれるためである。なぜなら、もし彼とともに受難するなら、彼とともに栄光をも受けるからだ。もし身体がイイススのために受難しないなら、精神もイイススとともに栄化されることはない。

もし義のために受難するなら、あなたは幸いだ。見なさい、幾年月の間に神への道は十字架と死によってすでに整えられている。神への道は日々の十字架である。十字架は奥義への入り口である。[48]

シリアの聖イサアク

ストア派的理解ではなく聖教父たちの理解では、不受動、無情念であるためには、時間と大変な骨折りが必要である。つましい生活、断食と祈り、血のように流される汗、へりくだり、この世からの蔑み、十字架、釘、脇腹を裂く槍、酢と胆汁、あらゆる人々からの遺棄、ともに十字架に上げられた愚かな兄弟たちからの侮辱、通りかかる者たちからの冒瀆が。それらの末に主の内での復活、終わりなき聖なる復活祭《パスハ》が待つ。[49]

ディオニシイのテオクィトス神父

単純に祈りなさい。あなたの心に何か特別の祈りの賜物を探してはならない。自分はそんな賜物にはふさわしくないと見なしなさい。そうすれば平安が見つかるだろう。謙虚さのための食べ物として、あなたの祈りの気の無さ、冷たさ、無味乾燥さを利用しなさい。絶えず繰り返しなさい、「主よ、私はふさわしくない、私はふさわしくない、……」と。しかしそれは静かに祈られなければならない。心をかき立てるような調子が少しでも入ってはならない。この謙虚な祈りが神に受け取られるだろう。

イイススの祈りを実践している時に忘れてはならないのは、何よりも一番大切なのは謙虚であることだ。そして謙虚であろうとする決心だけでは足らない。そのための能力が必要である。神への、自分の霊的な指導者への、人々への、また事物に対してさえも、常に維持されるべき鋭い責任意識である。またシリアのイサアクは私たちにこう警告していることを思いだそう。神の怒りは、苦しみの十字架、進んで受け取られる受難の十字架を拒否する者、また、特別な視像《ビジョン》、祈りの特別な恵みを追い求める者、十字架の栄光を独り占めしようと執拗に探し求める者たちすべてに落ちかかる。またこうも言う。「神の恩寵はひとりでに何の予兆もなくやってくる。その場所が清潔であるところに」。だから注意深く、入念に、たゆみなくその場所を清潔に保ちなさい。謙虚さという箒を使って掃除を欠かさないように(50)。

オプチノの聖マカリオス

私たちが神の想起によって、知性の働き口をふさいでしまったなら、その時知性はその働きの必要を(自らの代わりに)満たすただ一つの仕事を断固として求める。その目的を完全に達成するためには、私たちは「主イイスス」の名による祈りを祈るほかない。知性を絶えずその祈りの言葉に集中し、いかなる霊的なイメージをも退けて内的な神殿に入ってゆくのだ。

ちょうど母親がその赤子に「父」という名を教え、我が子に自分と一緒に繰り返しその名を呼ばせ、他のどんな子供らしい叫びよりもその名を呼ぶことを覚えさせ、寝ても覚めてもその父を呼ぶようになるように、魂に「主イイススよ」と繰り返し叫ぶことを覚え込ませなければならない(51)」。

フォティケの聖ディアドコス

イイススの祈りはいのちの全体、身体と魂を感覚と想像力がもはや外的な変化や刺激を探し求めない段階へと引き上げてくれる。そこではすべてが、身体と魂の注意力の全体を神に集中するという一つの目的のもとに置かれている。その意味は、世界は神の美の内に探し求められ知られるということであり、決して世界の美の中に神を……、ではない(52)。

ノーマンビイの母マリア

暗黒の内に入りそこに神を見たモーセ、それは何を意味しているのか。

聖書のテクストはここで次のことを教えている。知性が前進し、より大きく、より完全な注視によって真実を知ることとは何であるかを理解するようになればなるほど、それは観想へといっそう近づく。その過程で、神の本性は観想し得ないことがいっそう見えるようになってゆく。なぜなら、感覚で把握できるものばかりでなく理性が見ているると信じているものをも、あらゆる外的な現象を後に置いて、たゆみなくより内なるものに向かって前進し、ついには精神の働きによって観想も把握もできないものに入り込んでゆくに至るから。そして、そここそが神を見る場所なのだ。私たちが探し求めているものについての真の知識と真の視像《ビジョン》は実にこの中に、そう、見ないことの内にある。なぜなら私たちが探し求めている者はあらゆる知識を超越し、不可知の闇によって私たちから遮られているからだ。(53)

ニュッサの聖グレゴリオス

神秘の観想において、人は知性によって見るのでも身体によって見るのでもない。聖霊によってである。完全な確実性をもって、人はあらゆる光を凌駕する光を超自然的に見る。しかし人はどのような器官によってこの光を見るのかわからない。それぱかりかその器官の性質を分析することもできない。なぜなら聖霊の振る舞い方は探求し得ないからである。そしてこれが聖使徒パウロが、人が表現することも見ることもありえないはずのことを聞いた時に、断言したことだった。「それが、からだのままであったか、からだを離れてであったか、わたしは知らない」(IIコリント12・3)。すなわち、彼はそれを知性で見たのか身体で見たのかわからなかった。それは感覚によって感知されたのではなかったが、それでも彼の視像は感覚器官によって見るのと同じように、いや、むしろより明瞭だったと言えよう。彼は自分自身が自分自身から出て行くのを、彼の視像《ビジョン》の神秘的な甘さの内に見た。彼はすべての対象物と思考の外にだけではなく、自分自身からさえも移し出された。

この幸福で喜びに満ちた体験はパウロを捕らえ彼の知性をあらゆる物を超えた没我へ連れ出した。それは彼一人をあらゆるものから完全に孤絶させた。この体験は光の体験、黙示的な光の体験だった。しかしそれは彼に感覚的知覚の対象を示さなかった。それは下にも上にも横にも境界も終端もない光だった。彼に顕れ彼の周りを照らし出した光には限界がなかった。しかしそれは全宇宙よりも無限に明るく大きな太陽のようだった。この光のただ中に彼自身が立っていた。その時の彼にはこの光に目を瞠る彼の目以外のものもなかった。彼の見た視像《ビジョン》はおおよそこんなものだった。(54)

聖グレゴリオス・パラマス

聖霊が魂をご自分の玉座及び住まいとしてそなえ、それを神の光たる聖霊との交わりに値するものとし、言い尽くされぬ光栄の美によって照らしたなら、魂は全く光となり、全く貌《かお》となり、全く目となるだろう。その時には魂は霊界の光の目によって満たされざる部分は一切ない。何の暗がりもない。すべてが、あらゆるところが、光とされ、霊とされるだろう。(55)

聖マカリオスの講話

エピローグ　永遠としての神

主よ、あなたが、あなたの国においでになったら、私を覚えてください。

ルカ23・42

神を愛するすべての魂、真のクリスチャンのすべてに、その年の第一の月が訪れる。四月として、復活の日として。(1)

聖マカリオスの講話

師父ザハリアが臨終のときに、師父モーセは彼に尋ねた。「何が見えますか」。すると師父ザハリアは答えた。「父よ、何も言わない方がよいのではありませんか」。師父モーセは答えた。「その通りだ、子よ、何も言わない方がよい」。(2)

砂漠の師父たちの言葉

話すことは今のこの世での道具である。沈黙は来るべき世の奥義である。(3)

シリヤの聖イサアク

終わりは近づく

「我望む、死者の復活、ならびに来世の生命を」。来たるべき時に思いを馳せて、信経は期待の言葉で結ばれている。しかし終末のことは、この地上での生涯を通して常に関心の的であるべきだが、「来るべき世」が実際にどのようなものか、その詳細は語り得ない。聖ヨハネは言う、「愛する者たちよ。わたしたちは今や神の子である。しかしわたしたちがどうなるのか、まだ明らかではない」（Ⅰヨハネ3・2）。ハリストスへの信仰を通して、私たちは今この地上にあって、神と生きた人格的な交わりを結んでいる。そして私たちは、理論ではなく現実の経験として、この交わりは未だ小さな種子のようであっても、永遠に結びつくものを確かに含んでいることを知っている。しかし今この時、時の経過の内ではなく永遠の「今」に、堕罪がもたらした世界ではなく、「神がすべてにあってすべて」（Ⅰコリント15・28）である世界に生きることについて、私たちはその小さな部分を一瞥できるだけで、明らかに知っているわけではない。したがって常に慎重に語らなければならず、沈黙の必要性も忘れてはならない。

しかし少なくも三つの点は何の曖昧さもなく明らかに断言できるだろう。それは、ハリストスは光栄の内に再臨されること、そしてその再臨の時には、私たちすべては死から復活し裁きを受けること、そしてさらに、「その支配は限りなく続く」（ルカ1・33）ことである。

まず第一に聖書と聖伝は繰り返し再臨を私たちに告げている。着実な文明の進歩によりこの世は次第に善に向い、やがて人類は地上に神の王国を設立するだろう、などと想像させる材料は少しも見出せない。キリスト教の歴史観は、こんな進化論的な楽観主義とはまったく対立する。私たちに待ち受けているのは自然界の災厄、次第に破壊力を増す戦争行為、そして自らクリスチャンと呼ぶ人々のうろたえと裏切りである（特にマタイ24・3―27参照）。

苦しい試練の期間は、「滅びの子」（Ⅱテサロニケ2・3―4）あるいは反ハリストスの出現によって極限に達する。反ハリストスとは正教会の伝統的な解釈では、悪魔ではなく人間である。悪の力のすべてを結集して一定の期間全世界を支配する正真正銘の人間である。反ハリストスの短い期間の支配は、主の再臨によって突然幕を閉じる。再臨は、ベツレヘムでの降誕のように秘められた出来事としてではなく、主は実に「力ある者の右に座し、天の雲に乗って来る」（マタイ26・64）。この時、歴史の歩みは神の側からの直接介入によって突如として劇的な終末を迎える。

再臨が正確にいつあるかは知らされていない。「時期や場合は、父がご自分の権威によって定めておられるのであって、あなたがたの知る限りではなく」（使徒1・7）、「盗人が夜くるように」（Ⅰテサロニケ5・2）主は来られる。これは、その正確な時期についてあれこれ推測せず、常に準備し、待ち望んでいるべきことを教えている。「目をさましていなさい。わたしがあなたがたに言うこの言葉は、すべての人々に言うのである」（マルコ13・37）とも言われる。人間的な時間の尺度の中で終りが遅く来るにせよ早く来るにせよ、それは常に切迫した、差し迫ったことだから。私たちは、心に緊迫感を持ち続けなければならない。

「クリトの聖アンドレイの大規程（カノン）」の言葉で、大斎を迎える毎に私たちは次のように繰り返し唱える。

我が霊（魂）よ、我が霊よ、起きよ、何ぞ眠る、終わりは近づく、爾《なんじ》乱れん。故にさめよ、在らざる所なく、充たざる所なきハリストス神が爾を宥《なだ》めんためなり(4)。

未来の春

第二に私たちは、クリスチャンとして、たんに魂の不滅だけではなく、肉体の復活を信じている。創造において神は、人間の魂と肉体は、互いに依存し合い、どちらも相手なしには本来のあり方を保ち得ないと定めた。アダムの堕罪以来、肉体の死に際して、この二つは分離するようになった。しかしこの分離は最終的でも永続的でもない。ハリストスの再臨の時には魂も肉体もよみがえる。そして魂と肉体はもう一度結び付き、一人の復活した人格として最後の審判を受けるために主の御前に進み出る。

神の裁きは、ヨハネの福音が強調するように、私たちの地上での生涯を通じて常に行われている。意識しているかいないかにかかわらず、善を選ぶならすでに永遠の生命は先取りされ、悪を選ぶなら地獄を前もって味わうことになる。最後の審判への最もふさわしい理解は「真理の時」、すべてのものに光があてられる時である。私たちの「選択」の行為のすべてが、そのすべての意味と一緒に、目の前に示される時である。完全かつ明瞭に私たちがどのような人間であるか、私たちの生涯の深い意味と目的が何であったかを知ることになる時である。この最終的な「明確化」の直後に私たちは（魂と肉体が再び統合された人間として）天国あるいは地獄に、永遠の生命に、あるいは永遠の死におもむくことになる。

審判者はハリストスである。しかし別の見方をすると、私たちを裁くのは私たち自身である。もし誰かが地獄にいるなら、それは神がその人をそこに閉じ込めたからではなく、そこがその人自身がそこにいることを自分で選んだ場所だということだ。地獄にいる人は自己定罪、自己呪縛する人である。「地獄の扉は内側から錠がおろされている」というのは全く正しい。

愛である神が、ご自分の創造物がたとえ唯一人でも、永遠に地獄にとどまるのを容認できるだろうか。これは大きな神秘で現世の私たちには、推測はできない。私たちにできる一番良いのは、二つの事実をしっかり心にとどめておくことだ。この二つは対照的だが矛盾するものではない。一つは、神は人間に自由意志を与えられたこと。それによって人は永遠に神を拒否できることである。第二には、愛は同情、配慮を意味すること。従って、もしだれかが永遠に地獄にいるならば、神はなんらかの意味で、その人たちと一緒にいるだろう。

詩篇には「わたしが陰府に床を設けても、あなたはそこにおられます」（139・8）と記され、シリヤの聖イサアクは、「地獄にいる罪人が、神の愛から切り離されていると想像するのは誤りである」[5]と言う。神の愛はあらゆるところに及び、どんな人も拒否しない。しかし人の側では神の愛を拒否するのは自由である。しかしその拒否には必ず苦しみが伴う。そして私たちの拒否が次第に決定的になるにつれ、苦悩も次第に苦みを増す。

「聖マカリオスの講話」は、「復活の時には体のすべての部分がよみがえり、一本の髪の毛も失われることはない」[6]（ルカ21・18参照）と教える。また、復活の体は「霊のからだ」（Ⅰコリント15・35―46参照）であるとも言われる。これは復活の時には、体が何らかのかたちで非物質化するということではない。しかし堕罪後の世界で私たちが知る物質は、その不活性、不透明性のすべてを含め、神が意図されたものとは全く異なっていることも思い起こさねばならない。罪に染まった醜さから清められて、復活の体は「変容」の時の、そして復活したハリストスの体の性質を受け継ぐものとなるだろう。しかし一新されたものではあれ、復活の体は依然として私たちが現在持っている体と同じものとして識別し得る。この二つには連続性が保たれる。エルサレムの聖キリュロスは、次のように言う。

この復活する体は、今のような弱い状態ではないが、同じ体である。なぜならば、それは朽ちないものを着る（Ⅰコリント15・53）ことにより一新されるからである。……そのからだは、もはや生きるために食物を必要としない。登るためのはしごもいらない。なぜなら、その体は霊的なものとなり、なにかしら不思議なものに、正しく言いあらわせないものになる[7]。

そして聖エイレナイオスは言明する。

破壊されるのは創造物の構造でもなく実質でもない。ただこの世の有様（Ⅰコリント7・31）、言い替えれば、堕罪によって生み出された状態が過ぎ去るのである。そしてこの世の有様が過ぎ去った時、人は一新され、朽ちることのない壮年期の中に栄えることになる。したがって、その人はもはや、年老いることはありえない。新しい天と新しい地（黙示録21・1）が現れて、この新しい天と新しい地に人は住むようになる。永遠に新しく、そして永遠に神と語らいながら(8)。

「新しい天と新しい地」。人間は肉体からではなく、肉体にあって救われる。物質界から救われるのではない。物質界と共に救われる。人間は小さな宇宙《ミクロコスモス》であり創造物の仲立ちなので、人間自身の救いは人間のまわりの生物、無生物の全体に成聖と変容をもたらす。これは「滅びのなわめ」からの救出であり、「神の子たちの栄光の自由」（ローマ8・21）に入ることである。来るべき世の「新しい地」には人間だけではなく、動物のための場所もあるのは確かである。人間と共に、人間を通して、動物たちもまた永遠を頒ち与えられる。そして石も樹木も他の植物も、火も水も……。

永遠への旅

神の恵みによって、私たちが魂と肉体が再び結びついた存在として住むことになる復活の王国は、第三には「終わりのない」国である。その永遠性と無限性は私たちの堕落した想像力をはるかに超えているが、少なくとも確かなことが二つある。第一は、その「終わりなき国」の完成の有様は一律ではなく、多様であること。第二は、その完成は静的ではなく動的であることだ。

第一に、永遠とは尽くしがたい無限の多様性を意味する。この世で経験できる「聖性」が単調なものではなく常に特異性を持つことが真実ならば、未来の生活にあっては、それが比較を絶した高い程度でそうであるのを否定する理由があるだろうか。

神は私たちに約束する。「勝利を得る者には、隠されているマナを与えよう。また、白い石を与えよう。この石の上には、これを受ける者のほかだれも知らない新しい名が書いてある」（黙示録2・17）。来るべき世においてさえ、固有の人格の内的意味は、依然として永遠に神とその人の間の秘密として保たれる。神の王国では、それぞれの人は他のすべての人々と一つになる。しかし、それぞれの人は明確にその人自身であり、この世にいるときに持っていた個性をそのまま保ち続ける。ただその個性は浄化され、一新され、輝かしいものとされている。

スケティスの聖イサイヤは言う。

主イイススはその憐れみにより、それぞれの人にその人の働きに応じて安らぎを与えられる。偉大な者にはその偉大さに応じて、また小さい者には小さい者にふさわしいように。それ故に主は私の父の家にはすまいがたくさんある（ヨハネ14・2）と言われたのである。神の国は一つであるが、その一つの王国で各人は彼自身の特別の場所と仕事を見つけ出す(9)。

第二に、永遠とは絶え間のない前進であり、果しない成長である。J・R・R・トールキンの言うように「道は限りなく続く」。霊的な道においても、この世にいる間だけではなく、来るべき世においてもそれは同じことである。私たちは常に前進し続ける。前進であり、後退ではない。来るべき世は、たんに出発点への回帰ではない。パラダイスでの最初の完全さを回復することではない。新しい出発である。そこには「新しい天と新しい地」があるのだ。終末は始まりより偉大なものとなる。

「この地上にあっては、生きることは変わることである。そして完全であることはしばしば変わることである」とニューマンは言う。しかしそれはこの地上においてだけなのか。ニュッサの聖グレゴリオスは天国においても、完成は成長であると信じた。彼はすばらしいパラドックスを用いて言う。完全の神髄は決して完全にならないところにある。常にその彼方にあるより高い完全へと「前のものに向かってからだをのばす」（フィリピ3・13）ところにこそある。神は無限であるから、この「前のものに向かってからだを伸ばす」（ギリシャ教父の言うエペクタシス）ことも無限のものである。

心は神をとらえているけれども、しかし依然として神を求めている。喜びに満ちているけれども、さらに成長することを常に熱心に求めている。神は限りなく近づいて来るけれども、依然として手の届かないところにおられる。私たちは顔と顔を合わせて神を見るけれども、神性の神秘は限り無く遠くに離れて行くばかりである。もはや、よその国の者ではなくなっているけれども、私たちは巡礼の旅を終える時はない。私たちは「栄光から栄光へと」（Ⅱコリント３・18）と進み、さらに大きな栄光へと進む。永遠に私たちは、なすべきことをすべてなし終える時はなく、知るべきことをすべて見出す時はない。二世紀の聖エイレナイオスは教えている。

「この世にいる時だけではなく、来るべき世においても、神は常に私たちを教え導き、私たちは常に神から学び続ける(10)」と。

出典注

プロローグ　道しるべ

（1） Fr Georges Florovsky, "The Catholicity of the Church", in Bible, Church, Tradition: An Eastern Orthodox View (Collected Works, vol. 1: Nordland, Belmont, Mass., 1972), pp. 50-51 (citing B.M. Melioransky).

第1章　神秘としての神

（1） Evagrius of Pontus, Migne, Patrologia Graeca [= PG] 40:1275C.

（2） The Sayings of the Desert Fathers, alphabetical collection, Antony 17, tr. Benedicta Ward, The Sayings of the Desert Fathers: Alphabetical Collection (Mowbray, London & Oxford, 1975), p. 4.

（3） St Symeon the New Theologian, Theological, Gnostic and Practical Chapters ii, 9, ed. J. Darrouzès (Sources chrétiennes 51: Paris, 1957), pp. 73-74, tr. Paul McGuckin, Symeon the New Theologian: The Practical and

Theological Chapters and the Three Theological Discourses (Cistercian Studies Series 41: Cistercian Publications, Kalamazoo, 1982), p. 65.

(4) St Nicolas Cabasilas, The Life in Christ iv, 95 and i, 13, ed. Marie-Hélène Congourdeau (Sources chrétiennes 355: Paris, 1989), pp. 345 and 88, tr. Carmino J. deCatanzaro (St Vladimir's Seminary Press, New York, 1974), pp. 143 and 48.

(5) St Gregory of Nyssa, Commentary on the Song of Songs xii, ed. W. Jaeger and H. Langerbeck, Gregorii Nysseni Opera, vol. vi (Brill, Leiden, 1960), p. 358, tr. Casimir McCambley (Hellenic College Press, Brookline, 1987), p. 220.　邦訳『雅歌講話』大森正樹訳、一九九一、新世社。

(6) The Cloud of Unknowing, chapter 6, ed. Justin McCann (The Orchard Books: Burns Oates, London, 1952), p. 14.

(7) The Martyrdom of St Polycarp 7-8, tr. J.B. Lightfoot, The Apostolic Fathers (Macmillan, London, 1893), p. 205.　邦訳、『キリスト教教父著作集』22「殉教者列伝」、教文館。

(8) St Symeon the New Theologian, Catechesis 36 (The Second Thanksgiving), ed. Basile Krivochéine (Sources chrétiennes 113: Paris, 1965), p. 348; tr. Carmino J. deCatanzaro, Symeon the New Theologian: The Discourses (The Classics of Western Spirituality: Paulist Press, New York, 1980), pp. 374-5.

(9) St Dimitrii of Rostov: in Nicholas Arseniev, We Beheld His Glory: The Primitive Christian Message and Present Day Religious Trends (SPCK, London, 1937), p. 133.

(10) Prince Vladimir Monomakh: in G.P. Fedotov, The Russian Religious Mind, vol. i, Kievan Christianity: The Tenth to the Thirteenth Centuries (Harvard University Press, Cambridge, Mass., 1966), p. 247.

(11) The Homilies of St Macarius xv, 32 and xliii, 7, tr. George A. Maloney, Pseudo-Macarius: The Fifty Spiritual Homilies and the Great Letter (The Classics of Western Spirituality: Paulist Press, New York, 1992), pp. 120 and

222.

（12） St Athanasius, On the Incarnation 17, tr. R.W. Thomson, Athanasius: Contra Gentes and De Incarnatione (Oxford Early Christian Texts: Clarendon Press, Oxford, 1971), p. 174.　邦訳、『中世思想原典集成』 2、盛期ギリシャ教父「言の受肉」小高毅訳、一九九二、平凡社。

（13） St Basil, in Doctrina Patrum de Incarnatione Verbi , ed. Franz Diekamp (2nd edn, Aschendorff, Münster, 1981), pp. 88-89.

（14） St Gregory of Nyssa, Homilies on Ecclesiastes 7, ed. W. Jaeger and Paul Alexander, Gregorii Nysseni Opera, vol. v (Brill, Leiden, 1962), pp. 413-14, tr. Jean Daniélou and Herbert Musurillo, From Glory to Glory (St Vladimir's Seminary Press, New York, 1989), pp. 127-8.

（15） St Symeon the New Theologian, Theological, Gnostic and Practical Chapters iii, 54, ed. Darrouzès, p. 96, tr. V McGuckin, pp. 87-88.

（16） St Gregory of Nyssa, On Virginity x, 2, ed. Michel Aubineau (Sources chrétiennes 119: Paris, 1966), p. 376, tr. Daniélou and Musurillo, From Glory to Glory, p. 105.

（17） St Dionysius the Areopagite, The Mystical Theology 1 and 3, tr. Colm Luibheid, Pseudo-Dionysius: The Complete Works (The Classics of Western Spirituality: Paulist Press, New York, 1987), p. 135, 137, 139.　邦訳、『中世思想原典集成』 3、後期ギリシャ教父「神秘神学」今義博訳、一九九四、平凡社。

（18） Theophilus of Antioch, To Autolycus i, 3 and 5, tr. Robert M. Grant (Oxford Early Christian Texts: Clarendon Press, Oxford, 1970), pp. 4, 7.

（19） St Maximus the Confessor, On Love i, 96, tr. G.E.H. Palmer, Philip Sherrard and Kallistos Ware, The Philokalia, vol. ii (Faber & Faber, London, 1981), p. 64.　邦訳、フィロカリア3、愛についての四百の断章、谷隆一郎訳、二〇〇六、新世社。

(20) Kallistos Kataphygiotos, On Union with God and the Contemplative Life 25 (PG 147:860A).
(21) St Dionysius the Areopagite, On the Divine Names iv, 13, tr. Luibheid, p. 82.
(22) St Symeon the New Theologian, Hymn 13, ed. Johannes Koder, vol. i (Sources chrétiennes 156: Paris, 1969), p. 262, tr. George A. Maloney (Dimension Books, Denville [no date]), p. 46.

第2章　至聖三者としての神

(1) Prayer of St Ioannikios (at the end of Compline): The Liturgikon, issued by the Antiochian Orthodox Christian Archdiocese of North America (Englewood, 1989), p. 66.　日本正教会訳「時課経」所載、晩堂大課より。
(2) The Lenten Triodion, tr. Mother Mary and Kallistos Ware (Faber & Faber, London, 1978), p. 520.　日本正教会訳「三歌斎経」所載　聖大月曜晩堂大課より。
(3) The Sayings of the Desert Fathers, alphabetical collection, Joseph of Panepho 7, tr. Ward, p. 103.　邦訳『砂漠の師父の言葉』、谷隆一郎／岩倉さやか訳、二〇〇四、知泉書館。
(4) St Gregory of Nyssa, On the Difference between Essence and Hypostasis: see Basil, Letter 38, tr. Roy J. Deferrari (The Loeb Classical Library: Harvard University Press, Cambridge, Mass., 1926), p. 226, 211-13.
(5) St Gregory the Theologian, Oration xlii, 15.
(6) Synesius of Cyrene, Hymn 3 (5), ed. Christian Lacombrades (Budé: Paris, 1978), p. 72.
(7) Aphrahat, Demonstration xviii, 10, ed. I. Parisot, Patrologia Syriaca I, 1 (Paris, 1894), col. 840.
(8) Julian of Norwich, Revelations of Divine Love, chapter 52, ed. Roger Hudleston (The Orchard Books: Burns Oates, London, 1952), p. 103.　邦訳『神の愛の啓示　ノリッジのジュリアン』内桶信二訳、二〇一一、大学教育出版。

(9) St John of Damascus, On the Orthodox Faith i, 8, ed. Bonifatius Kotter, Die Schriften des Johannes von Damaskos, vol. ii (Patristische Texte und Studien 12: Berlin, 1973), pp. 24, 26.　邦訳、『中世思想原典集成』3、後期ギリシャ教父・ビザンティン思想　ダマスクのヨアンネス「知識の泉」第3部第8章、一九九四、小高毅訳、平凡社。

(10) St Basil, Letter 7, tr. Deferrari, p. 44; Homily on Psalm 115, § 2 (PG 30:104D).

(11) St Irenaeus, Against the Heresies, IV, xx, 1.　邦訳、『キリスト教教父著作集』3／II　エイレナイオス4、　異端駁論IV　小林稔訳、二〇〇〇、教文館。

(12) Apolytikion for 6 January: The Festal Menaion, tr. Mother Mary and Kallistos Ware (Faber & Faber, London, 1969), p. 359.　日本正教会訳、祭日経　神現祭　発放讃詞。

(13) Exaposteilarion for 6 August: The Festal Menaion, p. 495. 日本正教会訳、変容祭　差遣詞。

(14) Tito Colliander, The Way of the Ascetics (Hodder & Stoughton, London, 1960), p. 71.　邦訳、チト・コリャンデル『行者たちの道　―霊的生活入門―』、エドワード・ブジェストフスキ／大塚志乃　共訳、一九八九、あかし書房。

(15) The Sayings of the Desert Fathers, tr. Ernest A. Wallis Budge, The Paradise or Garden of the Holy Fathers, vol. ii (Chatto & Windus, London, 1907), p. 331.

(16) The Lenten Triodion, p. 326. 日本正教会訳「三歌斎経」大斎第2主日早課第八歌頌。

(17) The Pentecostarion, tr. Holy Transfiguration Monastery (Boston, 1990), p. 404.　日本正教会訳「五旬経略」五旬節のスボタ」の大晩課。

(18) The Lenten Triodion, p. 343.　日本正教会訳「三歌斎経」十字架叩拝主日早課第七歌頌より。

(19) St Isaac the Syrian, Ascetical Homilies 46 (43), tr. Holy Transfiguration Monastery (Boston, 1984), pp. 224-5.

(20) Mother Maria of Paris: in Sergei Hackel, One, of Great Price: The Life of Mother Maria Skobtsova, Martyr of

Ravensbrück (Darton, Longman & Todd, London, 1965), p. 4.

（21） St John of Kronstadt: in W. Jardine Grisbrooke (ed.), Spiritual Counsels of Fr John of Kronstadt (James Clarke, London, 1967), p. 183.

（22） Fr Theoklitos of Dionysiou, Between Heaven and Earth (in Greek) (Astir, Athens, 1956), p. 83） 邦訳、テオクリトス・ディオニシアトス『天と地の間』、イオアンニス長屋房夫訳、一九九〇、オーロラ出版。

（23） Mother Maria of Paris: in Hackel, One, of Great Price, pp. 13, 29.

（24） The Festal Menaion, p. 122.　日本正教会訳、祭日経「生神女誕生祭」早課より。

第３章　創造主としての神

（1） Evagrius of Pontus, Praktikos 92, ed. André and Claire Guillaumont (Sources chrétiennes 171: Paris, 1971), p. 694, tr. John Eudes Bamberger (Cistercian Studies Series 4: Cistercian Publications, Spencer, Mass., 1970), 65. no p. 39.　邦訳、『中世思想原典集成』3、後期ギリシャ教父・ビザンティン思想」、エヴァグリオス・ポンティコス「修行論」、佐藤研訳、一九九四、平凡社。

（2） Origen, Homilies on Leviticus v, 2, ed. W.A. Baehrens, Die Griechischen Christlichen Schriftsteller, vol. 29 (Leipzig, 1920), p. 336.

（3） St John of Kronstadt: in Grisbrooke, Spiritual Counsels, p. 27.

（4） Metropolitan Philaret of Moscow: in Vladimir Lossky, The Mystical Theology of the Eastern Church (St Vladimir's Seminary Press, New York, 1976), p. 92.　邦訳、ウラジミル・ロースキィ『キリスト教東方の神秘思想』、宮本久雄訳、一九八六、勁草書房。

（5） St Gregory Palamas, On the Divine Energies 2, ed. P.K.Christou and G.I. Mantzarides, in Palamas, Syngrammata, vol. 2 (Thessalonica, 1966), p. 97.

（6）A Monk of New Clairvaux, Don't You Belong to Me? (Paulist Press, New York, 1979), p. 9.

（7）Julian of Norwich, Revelations of Divine Love, chapter 27, ed. Hudleston, p. 49.

（8）St Augustine, Tractates on the Gospel of St John i, 13.

（9）Evagrius of Pontus, PG 40:1276D.

（10）St Gregory of Nyssa, On Virginity xii, 2, ed. Aubineau, p. 404, tr. Daniélou and Musurillo, From Glory to Glory, p. 113.

（11）St Maximus the Confessor, On Love iii, 5, tr. Palmer, Sherrard and Ware, The Philokalia, vol. ii, p. 84.　邦訳、『フィロカリア』Ⅲ、証聖者マクシモス「愛についての四百の断章」、谷隆一郎訳、二〇〇六、新世社。

（12）C.S. Lewis, The Screwtape Letters (Geoffrey Bles, London, 1942), p. 64.　邦訳、C・S・ルイス宗教著作集『悪魔の手紙』、森安綾・蜂谷昭雄訳、一九七九、新教出版社。

（13）Kathleen Raine, The Year One (Hamish Hamilton, London, 1952), p. 24-25.

（14）Martin Buber, Tales of the Hasidim: The Early Masters (Schocken Books, New York, 1968), p. 275.

（15）St Irenaeus, Against the Heresies IV, xx, 7. 邦訳、『キリスト教教父著作集』3／Ⅱ　エイレナイオス4、異端駁論Ⅳ　小林稔訳、二〇〇〇、教文館。

（16）Origen, On First Principles III, vi, 1, tr. G.W. Butterworth (SPCK, London, 1936), p. 245.

（17）St Irenaeus, The Demonstration of the Apostolic Preaching 12, tr. Armitage Robinson (SPCK, London, 1920), p. 81. 邦訳、『中世思想原典集成』1、初期ギリシャ教父　所載　エイレナイオス「使徒たちの使信の表明」、小林稔／小林玲子訳、一九九五、平凡社。

（18）Philip Sherrard, The Rape of Man and Nature (Golgonooza Press, Ipswich, 1987), p. 20.

（19）St Symeon the New Theologian, Theological, Gnostic and Practical Chapters iii, 3, ed. Darrouzès, p. 80, tr.

McGuckin, p. 72.

（20） The Homilies of St Macarius xxxvii, 3 and xv, 8, tr. Maloney, pp. 207 and 111.

（21） The Sayings of the Desert Fathers: in Paul Evergetinos, Collection, vol. iii, ed. Victor Matthaiou (Monastery of the Transfiguration, Athens, 1964), p. 497.

（22） Fr Dumitru Staniloae, "The World as Gift and Sacrament of God's Love", Sobornost 5:9 (The Fellowship of St Alban and St Sergius, London, 1969), p. 669.

（23） St Leontius of Cyprus, Against the Jews and in Defence of the Icons of the Saints (PG 93:1604AB).

（24） Abraham Yaakov of Sadagora: in Martin Buber, Tales of the Hasidim: The Later Masters (Schocken Books, New York, 1966), p. 70.

（25） St Clement of Alexandria, The Pedagogue III, 1 (1,1).

（26） St Basil, Letter 2, tr. Deferrari, pp. 12-14.

（27） St Isaac the Syrian, Ascetical Homilies 2, tr. Holy Transfiguration Monastery, p. 11.

（28） Thomas Merton, Conjectures of a Guilty Bystander (Image Books, Doubleday, New York, 1968), p. 158.

（29） St Varsanuphius, Letter 112 (207), tr. Lucien Regnault and Philippe Lemaire, Barsanuphe et Jean de Gaza: Correspondence (Solesmes, Sablé-sur Sarthe, 1972), p. 101.

（30） Feodor Dostoevsky, The Brothers Karamazov, tr. David Magarshack, vol. i (Penguin Books, Harmondsworth, 1958), pp. 287-8.　邦訳、『カラマーゾフの兄弟』、亀山郁夫訳、二〇〇六、光文社。

（31） Nicolas Berdyaev, Spirit and Reality (Geoffrey Bles, London, 1939), p. 125.　邦訳、ベルジャーエフ著作集5巻「精神と現実　神人的精神の基礎」、南原実訳、一九六〇、白水社。

（32） Orthodox funeral service: in The Lenten Triodion, p. 128.　日本正教会訳、三歌斎経「死者のためのスボタ」早課から。

(33) Fr Sergei Bulgakov: in Metropolitan Anthony (Bloom) of Sourozh, "Body and Matter in Spiritual Life", in A.M. Allchin (ed.), Sacrament and Image: Essays in the Christian Understanding of Man (The Fellowship of St Alban and St Sergius, London, 1967), p. 41.

(34) Aleksei Khomiakov, "The Church is One", § 9, in W.J. Birkbeck, Russia and the English Church in the Last Fifty Years (Rivington, London, 1895), p. 216.

(35) Dostoevsky, The Brothers Karamazov, vol. i, p. 377.

(36) The Book of the Poor in Spirit by a Friend of God, ed. C.F. Kelley (Longmans, Green & Co., London, 1954), p. 233.

(37) The Lenten Triodion, Supplementary Texts, tr. Mother Mary and Kallistos Ware (Monastery of the Veil of the Mother of God, Bussy-en-Othe, 1979), p. 111.　三歌斎経補遺　からであるが日本正教会ではまだ訳されていないので、訳者（松島）の私訳。

(38) The Festal Menaion, pp. 356-8.　祭日経「神現祭」大聖水式の祝文 日本正教会訳より。

(39) Vladimir Lossky, In the Image and Likeness of God (St Vladimir's Seminary Press, New York, 1974), p. 214.

(40) Fr Dumitru Staniloae, "Orthodoxy, Life in the Resurrection", Eastern Churches Review 2:4 (London, 1969), p. 373.

(41) Paul Evdokimov, "Le sacerdoce universel des laïcs dans la tradition orientale", in L. A. Elchinger, L'Eglise en Dialogue (Paris, 1962), pp. 39-40.

(42) Olivier Clément, Byzance et le christianisme (Presses Universitaites de France, Paris, 1964), p. 18.

(43) St Nilus of Ancyra, Letter ii, 119 (PG 79:252B).

(44) Iulia de Beausobre, Creative Suffering (Dacre Press, London, 1940), pp. 33, 34, 37.

(45) St Mark the Monk, On Penitence 11 (PG 65:981AB).

（46）St John Climacus, The Ladder of Divine Ascent, Step 7 (PG 88:809C), tr. Colm Luibheid and Norman Russell (The Classics of Western Spirituality: Paulist Press, New York, 1982), p. 141.

（47）Fr Dumitru Staniloae, "Orthodoxy, Life in the Resurrection", p. 374.

第4章　人としての神

（1）St Isaac the Syrian, Ascetical Homilies 3, tr. Holy Transfiguration Monastery, p. 24.

（2）The Sayings of the Desert Fathers, alphabetical collection, Poemen 144, tr. Ward, p. 187.　邦訳、『砂漠の師父の言葉』、谷隆一郎／岩倉さやか訳、二〇〇四、知泉書館。

（3）The Festal Menaion, p. 263.　日本正教会訳、祭日経「降誕祭」晩堂大課より。

（4）St Basil, On the Nativity of Christ (PG 31:1473A) (attributed to Basil, but of uncertain authorship).

（5）St Romanos the Melodist: in The Festal Menaion, p. 277.　日本正教会訳、祭日経　降誕祭より小讃詞。

（6）St Leo the Great, Tome to Flavian 3, tr. Edward Rochie Hardy and Cyril C. Richardson, Christology of the Later Fathers (The Library of Christian Classics, vol. iii: SCM, London, 1954), p. 363.　邦訳、『中世思想原典集成』4、初期ラテン教父　レオ一世「書簡28」（フラヴィアヌスへの手紙「レオのトモス」）　加藤和哉訳、一九九〇、平凡社。

（7）The Festal Menaion, p. 275. 日本正教会訳、祭日経「降誕祭」より　早課カノンより。

（8）St Maximus the Confessor, Letter 21 (PG 91:604BC).

（9）St Gregory the Theologian, Letter 101, to Cledonius, § 32, ed. Paul Gallay (Sources chrétiennes 208: Paris, 1974), p. 50, tr. Hardy and Richardson, Christology of the Later Fathers, p. 218.

（10）St Ephrem the Syrian, Carmina Nisibena, ed. G. Bickell (Leipzig, 1866), p. 122.

（11）The Festal Ｍｅnaion, p. 254. 日本正教会訳、祭日経「降誕祭」晩課より。

（12）Dostocvsky, The Brothers Karamazov, vol. i, p. 376. 邦訳、『カラマーゾフの兄弟』、亀山郁夫訳、二〇〇六、光文社。

（13）Julian of Norwich, Revelations of Divine Love, chapters 86 and 22, ed. Hudleston, pp. 169 and 40. 邦訳『神の愛の啓示　ノリッジのジュリアン』内桶信二訳、二〇一一、大学教育出版。

（14）Paschal Homily: quoted in Lossky, The Mystical Theology of the Eastern Church, pp. 248-9.　イオアンネス・クリュソストモス「復活祭説教」、日本正教会　五旬経略　から。

（15）Alexander Schmemann, For the Life of the World (St Vladimir's Seminary Press, New York, 1988), p. 24.　邦訳、アレクサンドル・シュメーマン『世のいのちのために』第2章、松島雄一訳、二〇〇三、新教出版社。

（16）The Sayings of the Desert Fathers, tr. Wallis Budge, The Paradise or Garden of the Holy Fathers, vol. ii, p. 174.

（17）St Macarius of Egypt (attributed to): in André Guillaumont, "The Jesus Prayer among the Monks of Egypt", Eastern Churches Review 6:1 (London, 1974), p. 67.

（18）Mother Maria of Paris: in Hackel, One, of Great Price, pp. 4-5.

（19）Mother Maria of Normanby, Orthodox Potential: Collected Essays (Greek Orthodox Monastery of the Assumption, Normanby, Whitby, no date [c. 1976]), pp. 141-2.

（20）St John of Kronstadt: in Grisbrooke, Spiritual Counsels, p.6

（21）Origen, Dialogue with Heracleides, tr. John Ernest Leonard Oulton and Henry Chadwick, Alexandrian Christianity (The Library of Christian Classics, vol. ii: SCM, London, 1954), p. 442.

（22）The Festal Menaion, p. 291.（日本正教会未訳）。

（23）St Ephrem the Syrian: in Sebastian Brock (tr.), The Harp of the Spirit: Eighteen Poems of Saint Ephrem (Studies Supplementary to Sobornost 4: The Fellowship of St Alban and St Sergius, 2nd edn, London, 1983), pp. 30, 20.

（24）Mother Maria of Normanby, Ralph Cudworth Mystical Thinker (Greek Orthodox Monastery of the Assumption, Filgrave, Newport Pagnell, 1973), p. 35.

（25）The Lenten Triodion, p. 613.　日本正教会訳、三歌斎経　聖大金曜日晩課より。

（26）Fr Dumitru Staniloae, "Orthodoxy, Life in the Resurrection", p. 371.

（27）Letter from a Soviet concentration camp: from a narrative transcribed by my spiritual father, Archpriest George Cheremeteff (d. 1971).

第5章　聖霊としての神

（1）The Shepherd of Hermas, Mandate X, ii, 6, tr. Lightfoot, The Apostolic Fathers, p. 433.　邦訳、『使徒教父文書』（講談社文芸文庫、一九九八）所載「ヘルマスの牧者」、荒井献訳。

（2）St Seraphim of Sarov: in A.F. Dobbie-Bateman, St. Seraphim of Sarov concerning the Aim of the Christian Life (SPCK, London, 1936), pp. 56, 58; Ivan Kologrivof, Essai sur la sainteté en Russie (Beyaert, Bruges, 1953), p. 430.

（3）St Symeon the New Theologian, Hymns 22 and 28, ed. Koder, vol. ii (Sources chrétiennes 174: Paris 1971), pp. 184, 300, tr. Maloney, pp. 111, 148-9.

（4）The Pentecostarion, p. 418.　日本正教会訳、五旬経略　五旬祭主日　早課より。

（5）Vladimir Lossky, The Mystical Theology of the Eastern Church, p. 179. 邦訳、ウラジミル・ロースキィ『キリスト教東方の神秘思想』、宮本久雄訳、一九八六、勁草書房。

（6）The Pentecostarion, p. 412. 日本正教会訳、五旬経略　五旬祭主日　早課より。

（7）Dostoevsky, The Brothers Karamazov, vol. i, p. 28）邦訳、『カラマーゾフの兄弟』第一巻、亀山郁夫訳、二〇〇六、光文社。

（8）Fr Zachariah: in Jane Ellis (tr.), An Early Soviet Saint: The Life of Father Zachariah (Mowbray, London, 1976), p. 84.

（9）St Seraphim of Sarov: in G.P. Fedotov, A Treasury of Russian Spirituality (Sheed & Ward, London, 1950), p. 261.

（10）Fr Zachariah: in Ellis, An Early Soviet Saint, pp. 43, 107, 88.

（11）St Seraphim of Sarov: in Irina Gorainoff, Séraphim de Sarov (Spiritualité orientale 41: Abbaye de Bellefontaine, Begrolles en Mauges, 1973), pp. 133-4.　邦訳、イリナ・ゴライノフ『サーロフの聖セラフィーム』、エドワード・ブジョフトスキ訳、一九八五、あかし書房。

（12）Iulia de Beausobre, Creative Suffering, p. 33.

（13）The Homilies of St Macarius xvi, 13 and xvii, 1, tr. Maloney, p. 135.

（14）St Isaac the Syrian, Ascetical Homilies 37 (35) and 14, tr. Holy Transfiguration Monastery, pp. 174, 82-83.

（15）St Symeon the New Theologian, Hymns: "Invocation to the Holy Spirit", ed. Koder, vol. i, pp. 150-2, tr. Maloney, p. 9.

（16）The Pentecostarion, pp. 418-20.　日本正教会訳、五旬経略　五旬祭主日　晩課より。

（17）St Mark the Monk, On those who think that they are made righteous by works 85; On Baptism (PG 65, 944A, 1028BC).　邦訳、『フィロカリア』Ⅰ所載、「業によって義化されると考える人々について」二百の断章、宮本久雄訳、二〇〇七、新世社。

（18）Vladimir Lossky, The Mystical Theology of the Eastern Church, pp. 160, 173. 邦訳、ウラジミル・ロース

キィ『キリスト教東方の神秘思想』、宮本久雄訳、一九八六、勁草書房。

（19） The Pentecostarion, p. 404. 日本正教会訳、五旬経略　五旬祭主日　大晩課より。

第6章　祈りとしての神

（1） Vasilii Rozanov, Solitaria (Wishart, London, 1927), pp. 84, 119.

（2） The Sayings of the Desert Fathers, alphabetical collection, Agathon 9, tr. Ward, pp. 21-22. 邦訳、『砂漠の師父の言葉』、谷隆一郎／岩倉さやか訳、二〇〇四、知泉書館。

（3） The Sayings of the Desert Fathers, alphabetical collection, Antony 24, tr. Ward, p. 6. 邦訳、『砂漠の師父の言葉』、谷隆一郎／岩倉さやか訳、二〇〇四、知泉書館。

（4） The Sayings of the Desert Fathers, alphabetical collection, Antony 4 and Sisios 14, tr. Ward, pp. 2, 215. 邦訳、『砂漠の師父の言葉』、谷隆一郎／岩倉さやか訳、二〇〇四、知泉書館。

（5） Aleksei Khomiakov, "The Church is One", § 9, in Birkbeck, Russia and the English Church, p. 216.

（6） Alexander Elchaninov, The Diary of a Russian Priest (Faber & Faber, London, 1967), p. 87.

（7） St Isaac the Syrian, Ascetical Homilies 46 (43), tr. Holy Transfiguration Monastery, p. 224.

（8） St Nicolas Cabasilas, The Life in Christ iv, 10 and 3, ed. Congourdeau, pp. 270, 264, tr. deCatanzaro, pp. 116, 114.

（9） The Sayings of the Desert Fathers, tr. Wallis Budge, The Paradise or Garden of the Holy Fathers, vol. ii, p. 216.

（10） The Sayings of the Desert Fathers, alphabetical collection, Antony 3, tr. Ward, p. 2. 邦訳、『砂漠の師父の言葉』、谷隆一郎／岩倉さやか訳、二〇〇四、知泉書館。

(11) Metropolitan Philaret of Moscow, "Comparison of the Differences in the Doctrines of Faith betwixt the Eastern and Western Churches", in Robert Pinkerton, Russia (Seeley & Sons, London, 1833), p. 41.

(12) St Ignatii Brianchaninov, The Arena: An Offering to Contemporary Monasticism (Madras, 1970), pp. 3, 15. 二〇一〇年に日本正教会東日本主教教区から宣教ブックレットのかたちで、ブリャンチャニノフの著作『聖イグナティ。ブランチャニノフ著作集』（飜訳アレクセイ・ポタホフ、土田定克）が出版されている。

(13) St Tikhon of Zadonsk: in Nadejda Gorodetsky, Saint Tikhon Zadonsky, Inspirer of Dostoevsky (SPCK, London, 1951), p. 119.

(14) St Mark the Monk, On the Spiritual Law 4 (PG 65:905B). 邦訳、『フィロカリア』I、所載「霊的な法について」二百の断章、宮本久雄訳、二〇〇七、新世社。

(15) The Homilies of St Macarius xxxvii, 10, tr. Maloney, p. 210.

(16) The Sayings of the Desert Fathers, anonymous collection, 122, ed. F. Nau, Revue de l'Orient chretien 12 (1907), p. 403. 邦訳、『砂漠の師父の言葉』、谷隆一郎／岩倉さやか訳、二〇〇四、知泉書館。

(17) Starets Nazarii of Valamo: in Little Russian Philokalia, vol. ii, tr. Fr Seraphim Rose (Saint Herman of Alaska Brotherhood, Platina, 1983), p. 28.

(18) St Theophan the Recluse: in Igumen Chariton of Valamo, The Art of Prayer: An Orthodox Anthology (Faber & Faber, London, 1966), p. 133.

(19) St Seraphim of Sarov: in Gorainoff, Séraphim de Sarov, p. 234. 邦訳、イリナ・ゴライノフ『サーロフの聖セラフィーム』、エドワード・ブジョフトスキ訳、一九八五、あかし書房。

(20) Tito Colliander, The Way of the Ascetics, p. 55. 邦訳、チト・コリャンデル『行者たちの道　―霊的生活入門―』、エドワード・ブジェストフスキ／大塚志乃　共訳、一九八九、あかし書房。

（21）The Sayings of the Desert Fathers, alphabetical collection, Gregory the Theologian 2, tr. Ward, p. 45. 邦訳、『砂漠の師父の言葉』、谷隆一郎／岩倉さやか訳、二〇〇四、知泉書館。

（22）St Isaias of Sketis, Ascetical Homilies xvi, 11, ed. Monk Avgoustinos (Jerusalem, 1911), p. 100.

（23）St Isaac the Syrian, Ascetical Homilies 74 (79), tr. Holy Transfiguration Monastery, p. 364.

（24）The Gospel of Truth: in James M. Robinson (tr.), The Nag Hammadi Library in English (2nd edn, Brill, Leiden, 1984), p. 40.

（25）C.S. Lewis, The Screwtape Letters, p. 76. 邦訳、C・S・ルイス宗教著作集『悪魔の手紙』、森安綾・蜂谷昭雄訳、一九七九、新教出版社。

（26）Meister Eckhart: in W.R. Inge, Light, Life and Love: Selections from the German Mystics of the Middle Ages (Methuen, London, 1935), p. 16.

（27）Paul Evdokimov, Sacrament de l'amour. Le mystère conjugal à la lumière de la tradition orthodoxe (Epi, Paris, 1962), p. 141.

（28）The Sayings of the Desert Fathers, anonymous collection, 10, ed. Nau, Revue de l'Orient chrétien 12 (1907), p. 52.

（29）St Isaac the Syrian, Ascetical Homilies 71 (74), tr. Holy Transfiguration Monastery, pp. 344-5.

（30）Henry Suso: in Inge, Light, Life and Love, p. 99.

（31）St Ephrem the Syrian: in Brock, The Harp of the Spirit, p. 10.

（32）Evagrius of Pontus, On Prayer 71, tr. Palmer, Sherrard and Ware, The Philokalia, vol. 1 (Faber & Faber, London, 1979), p. 64. 邦訳、『フィロカリア』Ⅰ（邦訳Ⅱ）所載、修行者ネイロス（エヴァウリオス）祈りについての百五十三の断章、高橋英海訳、二〇一三、新世社。

（33）St Gregory of Nyssa, Commentary on the Song of Songs xi, ed. Jaeger and Langerbeck, p. 324, tr. McCambley, p. 203.　邦訳、ニュッサのグレゴリイ『雅歌講話』、共訳、一九九一、新世社。

（34）St John Climacus, The Ladder of Divine Ascent, Step 28 (PG 88:1132C), tr. Luibheid and Russell, p. 276.　『中世思想原典集成』、後期ギリシャ教父、ビザンティン思想、所載ヨハンネス・クリマクス「楽園の梯子」、手塚奈々子訳、一九九四、平凡社。

（35）The Homilies of St Macarius xv, 10, tr. Maloney, p. 112.

（36）St Maximus the Confessor, On Theology ii, 88, tr. Palmer, Sherrard and Ware, The Philokalia, vol. ii, p. 160. 邦訳、『フィロカリア』Ⅰ（邦訳Ⅲ）所載「神学と受肉の摂理とについて」、谷隆一郎訳、二〇〇六、新世社。

（37）Vladimir Lossky, The Mystical Theology of the Eastern Church, p. 219.

（38）The Homilies of St Macarius xv, 38, tr. Maloney, pp. 122-3; Neue Homilie des Makarius/Symeon, I. Aus Typus III, xxii, 3, ed. Erich Klostermann and Heinz Berthold (Texte und Untersuchungen 72: Berlin, 1961), p. 112.

（39）The Sayings of the Desert Fathers, alphabetical collection, Arsenius 27 and Pambo 1, tr. Ward, pp. 13, 196. 邦訳、『砂漠の師父の言葉』、谷隆一郎／岩倉さやか訳、二〇〇四、知泉書館。

（40）St Seraphim of Sarov: in Dobbie-Bateman, St. Seraphim of Sarov concerning the Aim of the Christian Life, p. 54.

（41）St Dionysius the Areopagite, Letter 5, tr. Luibheid, p. 265.

（42）Jacob Boehme: in M.-M. Davy, Nicolas Berdyaev: Man of the Eighth Day (Geoffrey Bles, London, 1967), p. 124.

（43）St Theophan the Recluse: in Igumen Chariton, The Art of Prayer, p. 51.

（44）Tito Colliander, The Way of the Ascetics, p. 74. 邦訳、チトー・コリャンデル『行者たちの道　―霊的生活入門―』、エドワード・ブジェストフスキ／大塚志乃　共訳、一九八九、あかし書房。

（45） Evagrius of Pontus, Praktikos 59, ed. Guillaumont, p. 638, tr. Bamberger, p. 33; On Prayer 136, tr. Palmer, Sherrard and Ware, The Philokalia, vol. i, p. 69; Protreptikos, ed. W. Frankenberg, Euagrius Ponticus (Berlin, 1912), p. 553.

（46） Colliander, The Way of the Ascetics, p. 68. 邦訳、チト・コリャンデル『行者たちの道　―霊的生活入門―』、エドワード・ブジェストフスキ／大塚志乃　共訳、一九八九、あかし書房。

（47） St Mark the Monk, To Nicolas 3 (PG 65:1033AB).

（48） St Isaac the Syrian, Ascetical Homilies 36 (34), 59 and 74 (79), tr. Holy Transfiguration Monastery, pp. 161, 289-90, 364.

（49） Fr Theoklitos of Dionysiou, Between Heaven and Earth, pp. 128-9. 邦訳、テオクリトス・ディオニシアトス『天と地の間』、イオアンニス長屋房夫訳、一九九〇、オーロラ出版。

（50） St Makarii of Optino: in Iulia de Beausobre, Macarius, Starets of Optino: Russian Letters of Direction 1834-1860 (Dacre Press, London, 1944), pp. 87, 89.

（51） St Diadochus of Photike, On Spiritual Knowledge and Discrimination 59 and 61, tr. Palmer, Sherrard and Ware, The Philokalia, vol. i, pp. 270-1. 邦訳、『フィロカリア』Ⅰ（邦訳Ⅱ）所載　フィティケーのディアドコス「霊的な認識と識別について」、宮本久雄訳、二〇〇六、新世社。

（52） Mother Maria of Normanby, The Jesus Prayer: the Meeting of East and West in the Prayer of the Heart (Greek Orthodox Monastery of the Assumption, Filgrave, Newport Pagnell, 1972), p. 4.

（53） St Gregory of Nyssa, The Life of Moses ii, 162-3, tr. Abraham Malherbe and Everett　Ferguson (The Classics of Western Spirituality: Paulist Press, New York, 1978), pp. 94-5.　邦訳、『キリスト教神秘主義著作集』1、ニュッサのグレゴリオス「モーセの生涯」、谷隆一郎訳、一九九二、教文館。

（54） St Gregory Palamas, The Triads in Defence of the Holy Hesychasts I, iii, 21, ed. Jean Meyendorff, vol. i (Spicilegium Sacrum Lovaniense 30: Louvain, 1959), pp. 155-7, tr. Nicholas Gendle (The Classics of Western Spirituality: Paulist Press, New York, 1983), p. 38.

（55） The Homilies of St Macarius i, 2, tr. Maloney, p. 37.

エピローグ　永遠としての神

（1） The Homilies of St Macarius v, 9, tr. Maloney, p. 73.

（2） The Sayings of the Desert Fathers, alphabetical collection, Zacharias 5, tr. Ward, p. 68. 邦訳、『砂漠の師父の言葉』、谷隆一郎／岩倉さやか訳、二〇〇四、知泉書館。

（3） St Isaac the Syrian, Ascetical Homilies 65 (66), tr. Holy Transfiguration Monastery, p. 321.

（4） Great Canon of St Andrew of Crete: in The Lenten Triodion, p. 399.　日本正教会訳、三歌斎経　クリトのアンドレイの大規定（大カノン）。

（5） St Isaac the Syrian, Ascetical Homilies 28 (27), tr. Holy Transfiguration Monastery, p. 141.

（6） The Homilies of St Macarius xv, 10, tr. Maloney, p. 112.

（7） St Cyril of Jerusalem, Catechesis xviii, 18.

（8） St Irenaeus of Lyons, Against the Heresies V, xxxvi, 1.

（9） St Isaias of Sketis, Ascetical Homilies xxi, 10, ed. Monk Avgoustinos, p. 131.

（10） St Irenaeus, Against the Heresies II, Xxviii, 3.

著作家たち

■正教会

アンドレイ（クリトの）　聖人。六六〇頃―七四〇。ギリシャ主教および聖歌作者「アンドレイの大カノン」（『三歌斎経』所載）の作者。

アントニオス（エジプトの）　聖人。二五一頃―三五六。隠修者。キリスト教修道生活の先駆者。聖アタナシオス「アントニオスの生涯」（戸田聡訳［『砂漠に引きこもった人々――キリスト教聖人伝選集』所載］）。

アントニー（フラポヴィツキー）　キエフの府主教一八六三―一九三六。ロシアの神学者、在外ロシア正教会の最初の首座主教。「告解　痛悔機密についての連続講話」（Jordanville,NY. 一九七五）の著者。

アフラハット。四世紀初期。シリアの教父。

アタナシオス（アレクサンドリアの）　聖人。二九六頃―三七三。ギリシャ教父。アリウス異端派への論駁者。

アウグスティヌス。聖人。三五四—四三〇。ヒッポの主教。ラテン教父。「告白録」の作者。

バシレイオス。聖人三三〇頃—七九カエサリアの大主教。「カッパドキアの三大教父」の一人。ニュッサの聖グレゴリオスの兄。

ボウソブル（ユリア） Lady Namier 一八九三—一九七七。ロシアの作家。著書に「死ねなかった女」。

ベルジャエフ（ニコライ） 一八七四—一九四八ロシアの宗教哲学者。「人間の運命」の著者。

ブルガコフ（長司祭セルギイ） 一八七一—一九四四ロシアの神学者。パリの「聖セルギイ正教神学院」の学長。「正教会」の著者。

クリメント（アレキサンドリアの） 一五〇頃—二一五頃ギリシャ教父。「ギリシャ人たちへの奨励」の作者。

クレマン（オリヴィエ） 一九二一—二〇〇九。フランスの正教著作家。

コリャンデル（ティト） 一九〇四—一九八九。フィンランドの正教信徒。

キュリロス（アレクサンドリアの） 聖人。四四四没。ギリシャ教父。

キュリロス（エルサレムの） 聖人。三一五頃—八六。ギリシャ教父。「機密講話」の作者。

ディアドコス（フォティケの） 聖人。五世紀。ギリシャの霊的師父。

ドミトリー（ロストフの） 聖人。一六四一—一七〇九。ロシアの主教。説教家、著作家として著名。

ディオニシオス（アレオパギトの） 聖人（五〇〇頃） ギリシャの神秘神学者。

ドストエフスキー（フェオドル） 一八二一—八一。ロシアの小説家。「カラマーゾフの兄弟」のゾシマ長老のモデルはザドンスクの聖ティーホン、オプティナの聖アンブロシイと言われる。

エルチャニノフ（長司祭アレクサンドル） 一八八一—一九三四。フランスへのロシア移民の司祭。

エフレム（シリアの） 三〇六頃—七三。聖人シリアの教父。

エリウゲナ（ドン・スコトス）　八一〇頃―八七七頃アイルランドの学者・哲学者。

エヴァグリオス（ポントスの）　三四六―九九。エジプトのスケーティスの修道者。

エフドキモフ（パーヴェル）　一九〇一―七〇。シアノ在俗神学者。パリの「聖セルギイ正教神学院」教授。

祭日経。正教会の祈祷書。降誕祭、神現祭その他の固定祭日のための祈祷文所載。

フロロフスキー（長司祭ゲオルギイ）　一八九三―一九七九。ロシア移民の神学者。

グレゴリオス（ニュッサの）　聖人。三三〇頃―三九五。ギリシャ教父。

グレゴリオス（パラマスの）　聖人一二九六―一三五九。ギリシャ教父。テサロニケの大主教。ヘシュカズムの伝統擁護者。

グレゴリオス（ナジアンザスの）　聖人三二九―八九。「神学者グレゴリオス」とも呼ばれる。三成聖者の一人。聖大ワシリイ、ニュッサの聖グレゴリオスとともに「カッパドキアの三大教父」をなす。

ヘルマス。二世紀。「ヘルマスの牧者」の作者。

イグナティイ（ブリャンチャニノフ）　聖人一八〇七―六七。ロシアの霊的著作家。

イオアンニキオス。聖人。七五四頃―八四六頃。ギリシャの修道者。小アジアのオリンポス山で修行。イコン破壊論者たちと闘う。

エイレナイオス（リヨンの）　聖人。一三〇頃―二〇〇頃。ギリシャ教父。小アジアの生まれ。スミルナの主教ポリカルポスを知っている。晩年はリヨンの主教。

イサアク（シリアの）　聖人。七世紀後半。ニネベの主教。シリア教父。

イザヤ（スケーティスの）　聖人。四八九没。ギリシャ人修道士。最初はエジプトで、その後パレスティナで修行。

イオアンネス（クリュソストモス）　聖人。五七九？—六四九？。コンスタンティノープル大主教。ギリシャ教父。ナジアンザスのグレゴリイ、聖大ワシリイとともに「三成聖者」の一人。多くの著作の中でも「司祭職について」で名高い。

イオアンネス（クリマクス）　聖人。五七九頃—六四九頃。シナイの修道院長。修道霊性の著作「階梯」で名高い。

イオアンネス（ダマスクの）　聖人。六七五頃—七四九頃。ギリシャ教父。聖歌作者、イコン破壊論への論敵。「正教信仰注解」。

イオアン（クロンシュタットの）　聖人。一八二九—一九〇八。ロシアの司祭。

カリストス（カタフィギオティス）　聖人。一四世紀。ギリシャの霊的著作家。

ホミャコーフ（アレクセイ）　一八〇四—六〇。ロシアの平信徒の神学者。スラブ主義運動の指導者。

三歌斎経。正教会の復活祭前一〇週間に用いられる祈祷書。

レオ（聖大）　聖人。四六一没。ローマ教皇。

レオンティオス（キプロスの）　聖。六—七世紀。ギリシャ教父。イコン擁護者。

ロスキー（ウラジミル）　一九〇五—五八。ロシアの平信徒神学者。パリで活躍。

マカリオス（エジプトの）　聖人。三〇〇頃—三九〇頃。スケーティスの修道士。ギリシャ語での講話が伝統的に彼に帰せられているが、今日では彼の作ではなく恐らく五—五世紀にシリア語で書かれたと考えられている。

マカリイ（オプティナの）　聖人一七八八—一八六〇。ロシアの長老。

マリア（パリの、母《マザー》）　一八九一—一九四五。世俗での名はエリザベタ・スコツオーバ。ロシア人、一度は結婚したが、後に修道女に。フランスでの社会活動に身を献げた。ラーヴェンスブリュックのナチスの強制収容所で没。

マリア（ノーマンビイの、母《マザー》） 一九一二─七七。世俗ではリディア・ギシ。正教の修道女。ヨークシャーのノーマンビイの「生神女就寝修道院」を設立。

マルコ（修士） 聖人。五世紀初め。ギリシャの修道的著作家。

マクシマス（表信者） 聖人。五八〇頃─六六二。ギリシャ教父。

ナザリー（ヴァラームの） 一七三五─一八〇九。長老。フィンランドのヴァラーム修道院の院長。

ニコラス（カバシラス） 聖人。ビザンティンの平信徒神学者。

ニルス（アンキラの） 聖人。五世紀初め。あやまって「シナイのニルス」とも呼ばれる。ギリシャ人修道著作家。

オリゲネス 一八五頃─二五四。ギリシャ教父。主にアレクサンドリアで活動。

フィラレート（ドゥロゾフ） 一七八二─一八六七。モスクワの府主教。一九世紀ロシア正教会の最も著名な聖職者。説教家、神学者としても名高い。

ポリカルポス。聖人。六九頃─一五五頃。スミルナの主教、殉教者。若き日に福音記者ヨハネと会っている。

ロマノス（聖歌者） 聖人。六世紀初め。シリアで生まれ、ギリシャ語で多くの聖歌を作った。

ロザノフ（ワシリイ） 一八五六─一九一九。ロシアの宗教哲学者。

砂漠の師父たちの言葉 初期の修道士たち（主にエジプトの）の逸話や言葉の集成。

シュメーマン（長司祭アレクサンドル） 一九二一─一九八三。ロシア移民の神学者。ニューヨークの聖ウラジミル正教神学院の学長を務めた。

セラフィム（サーロフの） 聖人。一七五九―一八三三。ロシアの修道士、長老。近代ロシアの聖人の中で最もよく知られた人物。

セルギイ（ラドネジの） 聖人。一三一四頃―九二。ロシアの最も偉大な国民的聖人。セルギエフパサード（旧ザゴルスク）の至聖三者修道院の創立者。

シェラード（フィリピ） 一九二二生。ギリシャの平信徒神学者。

スタニロアエ（ドミトリ） 一九〇三―一九九四。ルーマニアの正教神学者。「フィロカリア」のルーマニア語版の編纂をした。

シメオン（新神学者） 聖人。九四九―一〇二二。ギリシャの修道的、神秘主義的著作家。

シネシオス（キレーネの） 聖人。三七〇頃―四一四。プトレマイオスの主教。ギリシャ教父。

テオクリトス（ディオニシウの） 現代アトスの修道士。

フェオファン（隠修者） 聖人。一八一五―九四。ロシアの霊的著作家。

テオフィロス（アンティオケの） 二世紀後半。ギリシャの神学者。護教家。

ティーホン（ザドンスクの） 聖人。一七二四―八三。ボロネジの主教。説教家・霊的著作家。

ヴァルサヌフィウス（聖人） 五世紀初め。隠遁者、霊的師父。

ウラジミル・モノマフ 一〇五三―一一二五。ロシアの「キエフの大公」。

無名の巡礼者 一九世紀ロシア。匿名で書かれた自叙伝。この書の出版は「イイススの祈り」を現代世界に知らしめた。

ザハリア神父 一八五〇―一九三六。ロシア。至聖三者修道院の長老。

正教以外

ベーメ（ヤコブ）　一五七五―一六二四。ドイツのルーテル派の神秘主義著作家。著書に「キリストへの道」。

「心の貧しき者」の書。一四世紀ドイツの神秘主義的論考。

無知の雲。一四世紀イギリスのW.ジョンストンによる神秘主義的論考　ディオニシオス・アレオパギトに強い影響を受けている。

エックハルト（マイスター）　一二六〇頃―一三二七。ドイツのドミニコ会の神秘主義的著作家。

ジュリアン（ノーウィッチの）　一三四二頃―一四一三以後。イギリスの神秘主義的著作家。

ロウ（ウィリアム）　一六八六―一七六一。聖公会の「宣誓拒否者」霊的著作家。

ルイス（C・S）　一八九八―一九六三。聖公会。「痛みの問題」（C・S・ルイス宗教著作集4）。

マートン（トーマス）　一九一五―六八。ローマカトリック（シトー修道会）アメリカ。

ニューマン（ジョン・ヘンリー　枢機卿）　一八〇一―一八九〇。聖公会のトラクト運動の指導者。一八四五年にローマカトリックへ転じる。教父についての多くの著作を残す。

スソ（ヘンリー）　一二九五頃―一三六六。ドイツのドミニコ会修道士で神秘主義著作家。

ソンプソン（フランシス）　一八五九―一九〇七。ローマ・カトリックの詩人。

トラハーン（トマス）　一六三六頃―七四。イギリスの神秘主義的詩人。著作家。

ティレルル（ゲオルグ）　一八六一――一九〇九。アイルランドのローマカトリック司祭。モダニスト運動に携わった。

ホセア書

ゼカリヤ書

新約聖書

マタイ福音書

マルコ福音書

ルカ福音書

ヨハネ福音書

聖書個所索引

ま・や・ら行

た行

な行

は行

さ行

事項索引

著　者　主教カリストス・ウェア（Bishop Kallistos Ware）

1934年、英国サマーセットのバースで生まれ、ウェストミンスター校を経てオックスフォード大学マグダレン・カレッジで学び、古典と神学において2科目最優等の成績で卒業した。1958年に正教会に転じた後、ギリシャ各地を旅し、とりわけパトモス島の聖ヨアンネス修道院に長く滞在した。アトス山やエルサレムなど正教会の他の中心地での生活にも精通している。1966年司祭に叙せられ、さらに修道士となり、修道名としてカリストス（Kallistos）の名を受けた。1966年から2001年まで、オックスフォード大学スポージング公益信託基金の東方正教研究の特任講師をつとめた。またオックスフォードでの牧会にも携わった。1970年、オックスフォード大学ペンブローク・カレッジの特別研究員となった。1982年にはディオクレイアの主教に叙せられ、さらに全地総主教の下にあるサイアテイラとグレートブリテンの大主教の補佐主教に指名された。2007年、全地総主教座に属する名義上の府主教となった。著作は他に、*Eustratios Argenti: A Study of the Greek Church under Turkish Rule* (1964), *The Orthodox Way* (1979), *The Inner Kingdom* (2000) などがある。また2つの正教会の祈祷書 *The Festal Menaion*（1969「祭日経」）、*The Lenten Triodion*（1978「三歌斎経」）、さらに *The Philokalia*（「フィロカリア」）の共訳者でもある。

訳者　松島雄一（まつしま・ゆういち）

1952年香川県生まれ。早稲田大学文学部人文学科を卒業後、同大学政経学部・経済学科に編入学、1976年卒業。印刷会社営業部勤務を経て、1990年東京正教神学院に入学。1993年司祭叙聖。日本ハリストス正教会名古屋教会司祭を経て現在、大阪ハリストス正教会司祭。2017年7月長司祭に昇叙。
著書に『神の狂おしいほどの愛』（ヨベル）、訳書にシュメーマン『世のいのちのために』、『ユーカリスト』、ティモシー・ウェア『正教会入門』（いずれも新教出版社）、コニアリス『落ち込んだら』（ヨベル）など。

正教の道
キリスト教正統の信仰と生き方

●

2021年5月31日　第1版第1刷発行

著　者……主教カリストス・ウェア
訳　者……松島雄一

発行者……小林　望
発行所……株式会社新教出版社
〒162-0814 東京都新宿区新小川町 9-1
電話（代表）03 (3260) 6148
振替 00180-1-9991

印刷・製本……モリモト印刷株式会社

ISBN 978-4-400-32118-7　C1016